普天之下・盡是好書
普天出版家族
Popular Press Family
凌雲文創
A-Plus Creative Company

Be Human
by Wisdom

要當好人

做人做事必須知道的安全法則

先當聰明人

應對進退篇

托爾斯泰曾說：

「想做個人人稱讚的好人，力求誰都知道自己是個好人，無疑是最愚蠢的。」

確實如此，人往往為了面子和虛榮，強迫自己裝扮成好人的面目，以贏得別人的讚許，最後卻讓自己苦不堪言。

人生的陷阱無所不在，許多人被坑被騙，並不是他們的智商不足，而是他們一味想當個「人見人愛」的好人，不管什麼人都不加提防，不管什麼事都不好意思拒絕，結果自然是一再被坑、被騙、被利用、被陷害，成了不折不扣的蠢蛋。

Thick Black Theory is a philosophical treatise written by Li Zongwu, a disgruntled politician and scholar born at the end of Qing dynasty. It was published in China in 1911, the year of the Xinhai revolution, when the Qing dynasty was overthrown.

Thick Black Theory is a philosophical treatise written by Li Zongwu, a disgruntled politician and scholar born at the end of Qing dynasty. It was published in China in 1911, the year of the Xinhai revolution, when the Qing dynasty was overthrown.

王渡 編著

【出版序】

做人要藏心，做事要留心

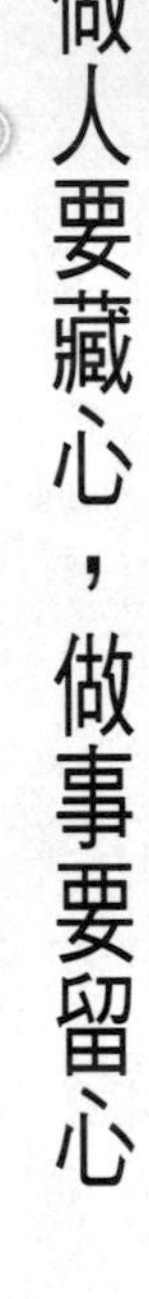

不懂得厚著臉皮向你根本不屑一顧的人弓腰哈背，不懂得狠下心來消滅「敵人」，就會眼睜睜地看著成功跟自己擦身而過。

●王渡

德國哲學家康德曾說：「舉凡愈卑鄙的人，愈會成為演員，往往佯裝對他人尊敬、友善、謙虛與無私的樣子。」

在險惡的人性戰場上，我們的身邊充斥著坑人害人的小人，並非所有的眞話都可以毫無保留地說出，並非所有的計劃都可以讓對方知道。

如果你不懂得隱藏自己的心思，留心自己正在推動之事，那麼永遠都只會是人性戰場中的輸家，被有心人玩弄於股掌之中。

做人必須講究手腕，不可以過於直接，不知有所保留的人，往往會造成他人的困擾或讓自己受傷。至於做事，則不能感情用事，因爲激情萌生的古怪念頭，稍稍過量便會使判斷力出問題，使自己因爲失控，做出幼稚、膚淺的事。

感情用事大多不會有好結果，要做到不管是大順之時還是大逆之際，都不會讓別人摸清自己的思緒和情緒。

從西元一六〇三年到一八六七年，長達二百六十五年，是日本「德川幕府」掌控政權的時代，「德川幕府」的開創者德川家康的一生充滿了傳奇性與戲劇性，堪稱是日本的厚黑教祖。

德川家康的性格是在十三、四歲時奠定的。那時他就下定決心要滅掉織田家，繼而奪取天下大權。爲了實現這個願望，他處處表現得謙虛與服從，讓別人以爲他是個沒有野心的人，甚至爲了取信織田信而殺掉自己的妻子。

德川家康的作風，贏得織田信長的信任。像他這種後台不強硬的家族，以服從二字作爲自己的外交政策，是最明智之舉，德川家康一直都堅守這項原則，即使後來他成為日本第二大勢力集團，對於支配他的人——豐臣秀吉，仍然表現得像綿羊一般溫馴，像狗一般忠實。

可是，等到豐臣秀吉一死，他就搖身一變，成了一個詭譎多詐的政客。德川家康以服從為手段，藉此取得別人的信任，這種偽裝的功力竟維持了五十年之久，實在令人感到不可思議。

一個人若是太過老實，往往就會被認為不具威脅性。德川家康一直假裝老實，所以織田信長誤認為他很好利用，無論什麼事都支使德川家康去做。然而，另一位名將武田信玄卻戒心大起，並告訴他的部下，一個人看似膽小老實的人必定隱藏著自己的智慧和實力，對任何一件事都會預先做好周密的計劃與防備。

德川家康有一項別人沒有的特殊本領，就是縱使心情起伏如何劇烈，也絕不會輕易地流露出來，從未隨意向部屬們動怒、懲罰。

他面對極端厭惡的人，能把嫌惡之情深深隱藏起來，與對方見面時，仍然裝出十分親善的表情，禮貌且誠摯地問候對方。

德川家康覺得爽快的性格太過膚淺，奸詐、狡猾、多變的個性才會讓人傾

迷。他認爲，一個人心裡的眞正感受一定要加以掩飾，否則自己的心意豈不全被對方猜透。

老實與怯懦只是德川家康的僞裝，事實上，他的腦筋靈活，反應快速，只是從不表現出來，藉以讓人失去防備。

亞里斯多德曾說：「人在最完美的時候，似乎是動物中的佼佼者，但是，當他為了一己之私的時候，便是動物中最差勁的東西。」

正因爲如此，想在競爭激烈的現實社會存活，想在人性戰場上克敵制勝，就必須懂得懂得「做人藏心，做事留心」的道理，才不會老是淪爲被人坑騙、欺詐的對象。

聰明而又謹愼的人總是能夠保持自我控制的能力，絕不會輕易受到情緒的制約。從德川家康的處世謀略與後來的際遇不難知道，做人做事若總是感情用事，只想逞一時之快在嘴上討便宜，喜怒外形於色，實是人生最大的忌諱，這樣的人根本成就不了大事。

出版序　做人要藏心，做事要留心　●王　渡

01. 評估人心，不要掉以輕心

評估人心的時候，審視他人的眼光要更為謹慎、銳利，眼光放遠，不能把一時的言論與行動當做唯一的評價指標。

02.

小心成為被算計的對象

這是一個敵人無所不在的社會，雖然沒有戰爭的形式，卻有激烈競爭的事實。當有心人盯住你時，你可能就是一隻待宰的羔羊！

03.

純潔過頭，小心變呆頭

純潔過了頭，就會變成一種容易被人利用的弱點。無知的人，往往會淪為別人蠱惑、操縱的呆頭！

04.

不要一味相信自己的好運

人就是這樣子，一味相信著自己的好運，沒想過無論你走運了多久，恐怕也承受不了一次的壞運氣。

05. 小心判斷，才不會遭到背叛

情人的背叛已經很令人難堪的，更讓人沮喪的是，他的共犯居然是你的好友，教人怎麼能夠接受這樣的事實？

06.

別人的建議，有時只是想害你

在這個爾虞我詐的年代中，千萬要記住，把我們害得最慘的，不見得是表面上奸詐的人，反而是那些看起來貌似忠厚的「老實人」。

07.

面對壞人，你必須更聰明

正因為壞人很多，所以才越突顯出人性善良的可貴。而當壞人變得越來越狡猾，好人也應該讓自己變得越來越聰明！

08. 危機，通常來自於僥倖的心理

看不見的危機才是最大的危機，事情正順心如意的時候，才是你真正該提高警覺的時候。

09.

沒有妄想，就不會上當

高明的騙徒，就像高明的編導一樣，知道人心的需要、渴望與弱點。看完一場戲，你可能很滿足，但是被騙了一場，你可會哭笑不得！

10.

「好人」總是懂得見縫插針

怨天怨地也改變不了既成的事實。早點放手，早點看開，或許對你來說，才是最好的一種選擇。

11. 要做好人，先學會做聰明人

與人相處的時候，多一點保留和警戒心，不要輕易說出真心話，是一種保護自己也保護別人的方式。

12. 即使虛情假意，也要做得徹底

凡事只要看開了，做事的態度自然會變得從容而冷靜，膽量會變大，臉皮會變厚，搞不好虛情假意的事情也做得出來。

1.

評估人心，不要掉以輕心

評估人心的時候，審視他人的眼光要更為謹慎、銳利，眼光放遠，不能把一時的言論與行動當做唯一的評價指標。

誠懇，才能深入人心

如果無法用一顆真誠的心來面對他人，只能維持表面的客氣，說些言不及義的話，對於處在困境中的人而言，只會更加痛苦。

曾有記者實地走訪某家知名飲料公司，發現一罐市價二十元的飲料，成本竟然花不到三塊錢，其餘花費全在廣告與包裝上。

這個現象說明了，在這個重視外表的社會，只要包裝有辦法吸引人，就不用擔心東西賣不出去。然而，一個經過多道包裝手續的高級食品，卻不見得比普通包裝的同類型產品好吃。同樣的，一個會說話的人，不代表會做事；一個衣冠楚楚的人，可能只是個虛有其表的傢伙。

林肯在一八六〇年代表共和黨參加總統大選，當時，他的對手爲民主黨的道格拉斯，是個大富翁，有充裕的競選經費。相較之下，林肯顯得寒酸多了。

道格拉斯租了許多漂亮的馬車組成競選車隊，還請來樂隊在車上演奏。除此之外，又別出心裁地在車後安置一尊大炮，每到一站，就鳴炮三十二響，聲勢之浩大，遠超過美國歷史上任何一次競選。道格拉斯洋洋得意地說：「我要讓林肯這個鄉下佬聞聞我的貴族氣味。」

至於林肯，不僅沒有專車，甚至還得湊錢買車票乘車。他每到一站發表自己的理念，當地的朋友就爲他準備一輛馬車，他就站在馬車上對選民們發表政見。他說：「有人寫信問我有多少財產。我有一位妻子和三個兒子，都是無價之寶。此外，還租有一間辦公室，裡面有一張桌子、三把椅子，牆角還有一個大書架，架上的書值得每個人一讀。我本人既窮又瘦，臉蛋很長，不會發福。我實在沒有什麼可依靠的，惟一可依靠的就是你們。」

最後的競選結果，林肯光榮贏得勝利，當選美國總統。

總統的職責是治理國家，讓人民可以過著安全、舒適的日子。道格拉斯的失敗並不在於他有錢，而是他所傳達出錯誤的訊息。用華麗包裝來裝飾的外在，不如坦率之下的眞才實料，人民要的是一個可以體恤民情的領導者，而不是只懂得作秀的政客。

林肯除了態度誠懇之外，更讓民衆覺得他們是生命共同體，可以一起面對生活的困苦，共同創造幸福優渥的未來。這就好比與親人的相處，不僅僅因爲血緣關係連繫彼此，更因爲每個人都是同一屋簷下的「生命共同體」，必須一起面對生活中的好與壞。

如果無法用一顆眞誠的心來面對他人，只能維持表面的客氣，說些言不及義的話，對於處在困境中的人而言，只會更加痛苦，就像包裝過度的禮盒一樣，倒不如默默守候在身旁，更能深入人心。

可以不介意，但是一定要注意

對於自己的傳聞可以「不介意」，但是一定要「注意」。在需要的時候做適當的處理，讓它在自己可以控制的範圍內。

小王最近發現一進辦公室，就有一堆奇怪的眼光直盯著自己，原本和自己交情不錯的同事，態度也比以往冷漠許多。甚至原本是自己負責的企劃案，竟臨時被主管取消。

摸不著頭緒的小王，感到非常挫折。他根本不知道有個不利於自己的傳言，正在公司裡四處傳播，因而不論公司內的人相不相信這則謠言，心裡多多少少都受到了影響。

從街頭巷尾到公司行號，八卦、傳聞往往是人們的最愛，也以不同形式存在於我們的周遭。它是「隱形殺手」，不小心多挨它幾刀，就會因爲流血過多而死亡，一定要特別留意。

弗拉基米爾．馬雅可夫斯基是二十世紀第一位將自己的才華獻給社會主義十月革命的蘇聯詩人。

一九一七年的某一天，他走在聖彼得堡的涅夫斯基大街上，悠閒地享受迎面吹來的微風。走到轉角處時，發現前面不知爲什麼圍了一群人，阻擋了通道。

他走上前一探究竟，沒想到才剛靠近，就聽見自己的名字不斷被提起。好奇的他佇立觀看，見到有個頭戴小帽、手提包包的女人站在人群中央，正用最荒謬的謠言在汙衊、中傷自己。

突然，馬雅可夫斯基穿過人群，衝到這個女人跟前大喊：「抓住她，她昨天把我的錢包偷走了！」

那女人聽了這項指控，驚慌失措地說：「你在胡說些什麼？你搞錯了吧，我根本不認識你！」

但馬雅可夫斯基態度篤定，堅持說：「沒錯，我絕對沒有認錯人。就是妳偷走了我的二十五盧布。」

人群開始鼓譟不安、議論紛紛，甚至有人嘲笑那個女人，並漸漸四散離去。當所有人都走光的時候，那女人一把眼淚一把鼻涕地對馬雅可夫斯基說道：「我的上帝，您瞧瞧我吧，我可真是頭一回看見您呀！」

馬雅可夫斯基答道：「可不是嗎？太太，妳才頭一回看見馬雅可夫斯基，就可以毫無根據地批評他！我勸妳回家的時候，可別拿自己的傭人出氣啊。」

人們很容易對自己不了解的事物輕易下判斷，甚至說得頭頭是道。就如同批評馬雅可夫斯基的那位太太，甚至連他是誰都不曾看過。

對於這樣的情況，能言善辯又風趣幽默的馬雅可夫斯基選擇正面反擊，以杜絕類似的不實謠言再度傳開。

對於自己的傳聞可以「不介意」，但是一定要「注意」。至少必須了解傳聞的根源，明白是誰說出來的，以及用意何在，並在需要的時候做適當的處理，讓謠傳維持在自己可以控制的範圍內。

對於自己的謠言太過在意，會影響自己的情緒，因而在謠言並不傷大雅的情況下，可以當做沒這回事。但是，危及個人利益及人格的傳聞，就應該追查得愈清楚愈好，最好盡早澄清，必要時也要適度反擊，才可以避免對方用惡意的訊息傷害自己。

評估人心，不要掉以輕心

評估人心的時候，審視他人的眼光要更為謹慎、銳利，眼光放遠，不能把一時的言論與行動當做唯一的評價指標。

美國大作家愛默生曾說：「成功者並非比失敗者有腦筋，只不過他們比失敗者多了一點心機。」

的確，在人性的這條高速公路上，「心機」絕對是讓你避免受重傷的「安全氣囊」，無論你的本事多高強，做人做事最好還是要有點心機，才不會在關鍵時刻，出現要命的「當機」！

我們永遠不知道別人的心裡究竟在想什麼，爲了提防對方使詐，做人要多一點心機，做事要多一點心計。

越工於心計的人，越擅長隱藏心中眞正的想法，越厲害的人就藏得越深、越久，評估他人時千萬不能掉以輕心。

俾斯麥三十五歲時擔任普魯士國會的代議士，這一年是他政治生涯的轉捩點。當時奧地利是普魯士南方強大的鄰國，曾經威脅德國如果企圖統一，奧地利就會出兵干預。

俾斯麥一生都在追求普魯士的強盛，夢想打敗奧地利，統一德國。他是個熱血沸騰的愛國志士和好戰分子，最著名的一句話就是：「要解決這個時代的問題不能依靠演說和決心，而是要靠鐵和血。」

但是令所有人驚訝的是，這樣一個好戰分子居然在國會上主張與鄰國保持和平。他當時發言說：「對於戰爭後果沒有清楚的認識卻執意發動戰爭的政客，請自己上戰場赴死吧！戰爭結束後，你們是否有勇氣承擔農民面對農田化爲灰燼的痛苦？是否有勇氣承受人民身體殘疾、妻離子散的悲傷？」

在國會上，他盛讚奧地利，爲奧地利的行動辯護，這與他一向的立場背道而馳。

最後，因爲俾斯麥的堅持，終於避免了一場戰爭。

幾個星期後，國王感謝俾斯麥爲和平發言，委任他爲內閣大臣。

可是，過了幾年之後，俾斯麥成爲普魯士的首相，終於施行鐵血政策，對奧地利宣戰並統一了德國。

既然「鐵血宰相」俾斯麥從未忘記過德國的統一，又爲什麼會在國會上發表那樣的違心之論呢？

這是因爲他所追求的不是一時的口舌之快，而是要一步步將權力握在手中，如此才能實踐自己的夢想，發動統一戰爭。

爲了要成爲普魯士宰相，爲了避免國力薄弱的時候和奧地利正面衝突，無論如何都必須隱忍，一時的謊言又算得了什麼呢？

不過，從俾斯麥的這則故事，我們也了解，評估人心的時候千萬不要掉以輕心，審視他人的眼光要更爲謹愼、銳利，像俾斯麥這樣城府甚深的人，不可能將他眞正的企圖般地輕易顯露出來。

做人做事要把眼光放遠，看人要看到骨子裡，不能把一時的言論與行動當做唯一的評價指標，要注意這個人是否說一套、做一套，舉止與言論是否前後不一，這才是應該關注的重點。

越有權謀計略的人，越是擅於隱藏自己的眞心，看完俾斯麥的故事後，我們應該更明瞭這點，往後在評估他人行爲與言論時，更要加倍謹慎。

與其千篇一律，不如出其不意

做人一定要有點心機，同樣的一件事，如果能用一些出其不意、與眾不同的方式來進行，所得到的迴響，說不定會十分讓你意外呢！

有點心機並不是件齷齪的事，重點在於如何將心機運用在恰當的時機。天底下最令人感到無聊單調的事，莫過於再三重複、一成不變的言行。不過，只要我們願意動腦筋，想出一些「不一樣」的方法，就算是一句別人說過千萬次的話，我們也能將它說得讓人眼睛一亮。

故事發生在中國的唐代。某一年，四川有一個非常有才學的年輕人，決定到長安發展。誰知到了長安，他的才幹根本沒有人知道，爲此感到很苦惱。

有一天，年輕人走在街上時，碰到一個賣胡琴的人，開價百萬銅錢。不少有錢人圍著看，但沒有人願意買，因爲太貴了。

年輕人一開始也沒有購買的意思，因爲他對胡琴並不是很感興趣。但是，就在他準備轉身而去，卻突然想到這把琴可以成爲絕佳的行銷工具，幫助他爲人所認識，於是不惜重金買下。

衆人見他出手闊綽，都圍過來問他是否擅長此樂器。只見這個年輕人眼睛發亮，充滿自信地說：「我擅長這種樂器，而這把琴也只有在我的手上才能顯現出它眞正的價值。如果你們想聽的話，明天到我那裡來。」

第二天，果然有許多見到他買琴的人來了，沒有見到他買琴而得知消息的人也來了，都是些長安名流，頓時場面顯得熱鬧非凡，擠得水洩不通。年輕人於是吩咐僕役準備好酒好菜招待大家吃飯。

飯畢，年輕人拿出胡琴，對大家說：「我寫過上百篇好文章，誰知來到京都，卻被淹沒在世俗人群之中，不被大家所了解。彈琴是樂工們的事，哪裡是我所關心的！」

說著，年輕人舉起貴重的胡琴，重重地摔在地上，摔得粉碎。

然後，他把自己寫的文章分贈給大家。文章的確不錯，得到大家一致好評，年輕人一下子名滿京城。

他就是唐初的名詩人陳子昂。

陳子昂如果生在現代，或許會是個頂尖的行銷高手，這招「摔琴造勢」，想必會吸引許多鎂光燈的注意，進而達到非常良好的宣傳效果。

試著想想，當時有多少青年才俊到長安去找機會，想要親近認識一些文壇或政壇名流，讓他們知道自己的名字，向他們展現自己的實力？而這些名流每天面對川流不息的自薦信與前來拜訪的人潮，恐怕早就對「我的文章擲地有聲，需要賞識我才能的人」這一類的自我推薦感到麻木了。

要如何在這些人當中脫穎而出？若是千篇一律地挨家挨戶宣傳自己的文才，恐怕只會事倍功半。

陳子昂選擇了獨特的行銷手法，這個方式與衆不同，並且大出所有人的意料，但結果卻相當成功。

陳子昂洞悉人類心理，抓住了人性的好奇心，同時以意外的轉折吸引了每個人的注意，得到了最好的效果。

這說明了，做人一定要有點心機，同樣的一件事，如果能用一些出其不意、與眾不同的方式來進行，所得到的迴響，說不定會十分讓你意外呢！

多用腦筋，才不會盲目聽信

倘若無法檢驗訊息的正確與否，就很容易成為有心人的利用對象，千萬別讓自己在無形中成為替他人傳遞不實訊息的信差。

在生活中，利用傳遞不實訊息來達到目的的有心人無所不在。通常他們會製造一顆顆「煙霧彈」，刻意散佈出去，藉此手段排擠掉競爭對手。因此，接收到任何訊息時，都必須小心謹慎，才不會落入敵人的陷阱中。

對於收到的訊息，必須評估它的可信度有多高，是不是錯誤的謠言，由誰傳出來，可能的目的何在，誰的獲益將最大……這些判斷過程是必不可缺少的，如此才能爲自己增添一點保障。

從前，有個非常吝嗇的富翁，要他從身上掏出一塊錢，就像要割下他身上的肉一樣痛苦。可是，他的兒子卻和他相反，是一個揮霍無度的紈褲子弟，還在外面欠下許多債務。

富翁對此完全不聞不問，更別說是替兒子還債了，兒子只好到處宣稱，等到父親死後一定會償還。

有一天，兒子實在等不及了，就和債主們商量要活埋父親。他們替富商沐浴更衣，然後硬把他放入棺材中，直往墓地前進。

沿路富翁哭天喊地、不停求救，正巧路過的法官聽到他的聲音，便前來詢問。富翁在棺材裡喊道：「救命呀，大人！我兒子要活埋我！」

法官質問富翁的兒子：「你怎麼能活埋你的父親呢？」

兒子回答道：「大人，他在騙您，他真的死了！不信您問他們。」

法官轉身問周圍的人：「你們能作證嗎？」

「我們能作證，他真的死了。」眾債主回答。

於是，法官對棺材裡的富翁說：「原告只有你一人，證人也只有你一人，我怎

麼能相信你呢？那麼多人都說你死了，難道他們都說謊嗎？」說完，他就揮一揮手宣判道：「埋吧！」

這個故事雖然有些誇大，但是延伸到現實生活中來看，的確有很多類似的荒謬情形不斷發生。

二十世紀最偉大的科學家愛因斯坦剛提出「相對論」之時，就如同許多新發現、新觀點一樣，一開始都無法得到廣泛的認同，甚至受到同行的批評和攻擊，完全沒有學術研討的空間。

當時，有學者爲了推翻愛因斯坦的理論，甚至出了一本批判「相對論」的書，書名叫《一百位教授出面證明愛因斯坦錯了》。

愛因斯坦得知後，不以爲然地說：「需要這麼多人證明我錯了嗎？如果眞的有錯，哪怕只是一個人出面也就足夠了。」

絕大多數人只要看到某某名人推薦的事物，就二話不說地一頭栽下去，從不認眞思考過推薦的理由和原因。倘若無法檢驗訊息的正確與否，就輕易相信、盲目跟從，很容易成爲有心人利用的對象。就像被貪婪的兒子和債主矇騙的法官一樣，成爲顛倒是非、腦袋渾沌的人。

聽來的消息並非都是正確的，它可能只是一顆被有心人士操弄的「煙霧彈」，千萬別讓自己在無形中成爲替他人傳遞不實訊息的信差。

謹言慎行才不會陷入險境

這個世界上，總是有太多「想太多」的人存在，即使是小小的無心之過，也會為自己帶來麻煩。

法國文豪雨果曾說：「謹慎是智慧的長子。」

我們應該注意到，一個謹慎的人不會故意將自己推入危險的處境中，不會過度誇耀自己，總是能適如其分地表現出應有的言行，並且在險惡環境中展現出明哲保身的智慧。

據說，明太祖朱元璋有一天心血來潮，想在大殿的牆壁上畫一幅「天下山河圖」，如此不但壯麗美觀，並可趁機將自己的功蹟昭告世人。

隨即，朱元璋召來畫師周玄素，委以重任。

周玄素深感責任重大，又知道朱元璋生性多疑，稍有不慎，恐怕性命難保。於是，他稍做思考，便向前拜倒說：「啓稟皇上，臣尚未走遍天下，見識淺陋，不敢枉作此圖，還請陛下先畫一個初稿，我再斗膽潤色。」

朱元璋一聽有理，於是提筆畫了一個初稿，畫完了便命周玄素潤色。

周玄素說：「陛下定的江山，臣豈敢隨便更改？」

朱元璋一聽，心想：「江山是我打下的，山河當然由我定，哪能由人隨便更改？」於是一笑了之。

朱元璋的個性向來陰晴不定，而且疑心病非常重，在他身邊的人不可能不知道這一點；他一時興起將此事委託於周玄素，難保過幾天不聽信讒言，認爲周玄素妄作天下山河圖，分明是自己想當皇帝。如此一來，周玄素就算有一百顆腦袋也不夠砍！

因此，我們可以說，周玄素以謹愼與智慧，在那個只要一個應對出了差錯就可能慘遭殺身之禍的年代，爲自己保住了一條性命。

同樣的，身處複雜社會的我們，也要時時提醒自己「謹慎」這兩個字，隨時留意自己是不是處於類似的情境中？雖然言者無心，但是誰能保證聽者會不會有另一番充滿猜疑的解讀？

要知道，這個世界上，總是有太多「想太多」的人存在，我們若不小心留意，一個無心之過，可能就會爲自己帶來無窮的麻煩。

如果可以的話，也要儘量避免一些容易引起誤會或敵意的行爲，才能夠在複雜的人際脈絡中全身而退。

觀察敏銳，就能擁有智慧

若能對人世間萬事萬物有足夠而且的觀察，我們便能看透人與物的本質，尋得最簡單，也最有效的解決方式。

法國大文豪羅曼羅蘭曾說：「智慧，是照明我們黑夜的唯一光亮。」不論我們過著安定的生活，或是身在危險的處境裡，智慧都能讓我們趨吉避凶，受用無窮。

唐太宗李世民是中國歷史上的一代明君，早在他年輕的時候，就表現出解決問題的過人智慧。

隋煬帝手下一個奸臣與李淵不合，想害死李淵，於是向隋煬帝提議讓李淵在百

日之內爲皇帝修建一座頗具規模的宮殿，若到時不能修好就處死李淵。

百日之內怎麼修得好一座宮殿呢？李淵明知是奸臣想藉此加害自己，可是又不敢抗旨，只能枯坐嘆息。

但他的兒子李世民卻極爲沉著地說：「這問題看起來很難辦到，但並非做不到。大宮殿無法及時完成，我們就修小宮殿，只要宮殿的格局合了皇上的心意就行。時間緊迫，我們就重金招聘能工巧匠，讓他們想辦法解決。」

李淵依計而行，不僅張貼告示，而且派人四處尋訪。能工巧匠趨之若鶩，紛紛獻計獻策，巧施本領。果然，李淵不到百日就造好了宮殿，宮殿雖然不大，但精緻堂皇，很符合隋煬帝的意。

但不久後奸臣又進讒言，指稱百日之內不可能修好這座宮殿，這肯定是李淵早就造好了準備自用的。私造宮殿是謀反之罪，昏庸殘暴的隋煬帝大怒之下，便準備將李淵處死。

這時，李世民向隋煬帝稟告：「這座宮殿確實是百日之內造成的，請陛下派人檢查，如果是早修好的，釘子會生銹，瓦上會生霉斑，但新修宮殿絕對不會出現這種現象。」

隋煬帝立即派人前去檢查，果然證明了宮殿是新造的，於是不但不再追究，還重賞了李淵父子。

盧梭曾寫道：「禽獸根據本能決定取捨，人類則通過算計來決定取捨。」

想在這個爾虞我詐的社會生存下去，無論如何，都必須具備一些心機，否則就容易遭到各種「病毒」攻擊，讓自己陷入危機。就算再有能力的人，也要具備一些保護自己不受傷害的心機，更要懂得把心機用在正確的時機。

敵人的言語就算利於刀劍，所設下的陷阱就算是天羅地網，只要我們能以自身的智慧加以應對，一定能尋得一條脫身之道。

而這種處世的智慧，又是由何而來的呢？

李世民知道皇帝的喜好，也明白在短暫的時間內要同時做到「大」與「好」是不可能的事情，因此他選擇了「小而精緻」的做法，成功地在時限內造出一座精緻堂皇的宮殿，滿足了隋煬帝的喜好。

而在李淵蒙受小人陷害，險些被處死之時，李世民又能用難以駁倒的自然法則，指出新的釘子不會生銹、新的瓦上不會長霉斑，戳破了敵人所織就的誣陷謊言，保全了父親的性命。

如果我們能像李世民這樣，把平日觀察與體驗的心得和諧地應用到生活上，就能擁有智慧的泉源。

若能對人世間萬事萬物有足夠而且敏銳的觀察，我們便能看透人與物的本質，尋得最簡單，也最有效的解決方式。

不要為了形象而裝模作樣

為了避免鬧出笑話，甚至造成難以彌補的錯誤，碰到疑惑時，一定要硬著頭皮提出來，別再不懂裝懂了。

教授在課程快結束的時候，宣布了一個攸關學期成績的期末報告，解說完題目內容後，留了一些時間讓同學發問。

小明對於一個基本的問題有很大的疑問，但是他又怕提出來會很丟臉。就在教授踏出教室的前一刻，小明終於鼓起勇氣提出了問題。沒想到教授的回答，卻出乎衆人意料。

原本大家以爲的觀念，竟然是錯誤的，若不是小明提問，大家的期末報告肯定完蛋。害怕被嘲笑的小明，意外成爲全班的救星。

很多人都害怕自己提出來的是「笨問題」，而把內心的疑惑壓了下來，甚至不懂裝懂。這樣不僅無法解決問題，甚至很容易弄巧成拙。問題並沒有所謂的高下之分，只有懂與不懂的差別。

有一個財主，雖然擁有萬貫家財，但卻是大字不認識一個的文盲。可是，他常常裝做一副很有學問的樣子，開口閉口都是之乎者也。

有一天，有個朋友要向他借牛，便寫了張字條交給家丁送去。家丁來到財主家時，正巧有客人前來拜訪，只好先在一旁等待。

直到財主發現家丁，才問他：「你是哪位？找我有事嗎？」

家丁將紙條遞了過去，財主看了看，怕客人笑他不認識字，便裝模作樣地沉思了一下，點了點頭，對家丁說：「知道了，回去告訴你家主人，別著急，等一會兒我就親自過去。」

一位剛領到營業執照的新手律師，在新德里的一條街上租了一間辦公室，但裝修工作還沒完成，連電話機的線路也未接上，他就開始營業了。

一大早才剛開門，就有一個人上門拜訪。律師一見有人走進來，便馬上裝模作樣地拿起電話筒，說著：「喂！喂！我的事務所很忙，不能和你會談，你說的那件案子，非五千塊不可……」

接著，律師提起筆來在記事本上塗塗寫寫，然後才抬起頭，慢條斯理地對來訪的人說：「現在輪到您了，先生，有什麼棘手的事需要我爲您效勞嗎？」

對方盯著律師握在手上的話筒，忍不住笑了起來，對他說：「不好意思，我是電話公司派來爲您接電話線的！」

爲了面子而裝模作樣的人，常常會鬧出笑話來。

朋友要借的是牛，財主卻表示將親自過去，那財主豈不成了一頭牛了嗎？不識字對財主而言是件丟人現眼的事，但是誤將自己當成一頭牛送了過去，才是一件眞正的大笑話。

新手律師爲了顯示自己事業有成，刻意在來人面前僞裝出來的形象，卻不巧讓

人識破，也是一件非常尷尬的事。

面對問題，最重要的就是解決它，即使那只是個很基本的問題。問題只有懂與不懂的差別，只要你不懂，那個問題就是重要的。若因爲害怕丟臉而裝模作樣、不懂裝懂，反而容易弄巧成拙。

在瞬息萬變的社會裡，答案隨時可能因爲某個突發狀況而有所變動。爲了避免鬧出笑話，甚至造成難以彌補的錯誤，碰到疑惑時，一定要硬著頭皮提出來，別再不懂裝懂了。

2.

小心成為被算計的對象

這是一個敵人無所不在的社會，

雖然沒有戰爭的形式，卻有激烈競爭的事實。

當有心人盯住你時，你可能就是一隻待宰的羔羊！

要解決問題，就要善用工具

抓賊要先抓賊頭，治病要對症下藥，這些事半功倍的道理人人都懂，不過，你得先知道賊頭在哪裡，病根又在哪裡。

世間的道理都很容易懂，但是當問題找上我們時，卻又常常讓我們感到六神無主，不知從何下手！

有人說，這是經驗不足的緣故。或許吧，經驗不足當然會讓人手足無措，不過，認識、掌握問題核心的能力，恐怕更重要。

即使沒經驗，如果明白問題核心在哪裡，就會知道從哪裡切入，從哪裡解開盤根錯節，從哪裡獲得你想要的結果。

抓賊要先抓賊頭，治病要對症下藥，這些事半功倍的道理人人都懂，差別只在巧妙運用各有不同。

唐朝安祿山造反時，他的兒子安慶緒派遣部將尹子奇率領大軍攻打睢陽城。守將張巡領導有方，將士用命，不斷擊退來犯的賊兵。

張巡是一個優秀聰明的將領，爲了打開僵局，解決圍城危機，深深知道「擒賊先擒王」的道理。所以，他一直在找機會，想要以弓箭手，將尹子奇一箭穿心，只是沒有人認得出誰是尹子奇。

螞蟻發現食物後，通常會互相傳遞訊息，將同伴引來一起運送回窩。人發現了好東西，是不是也會通知其他同類一起來分享，可能因人而異。不過，兩軍對陣，出現異狀，總會引起騷動，即刻向主帥報告。

基於人類這種心理反射的特性，張巡想出了一個好辦法。他要士兵收集蒿草，做成箭矢，並且朝著賊兵猛射。賊兵發現自己中的是草箭之後，當然先是一陣莫名其妙，以爲張巡部隊已經沒箭可用了，於是紛紛跑去向尹子奇報告。

尹子奇果然以衆星拱月的形態出來看個究竟。

賊頭現身，張巡麾下頭號猛將南霽雲，抓住了這稍縱即逝的好機會拉弓便射。南霽雲箭術高超，一箭就將尹子奇的左眼射穿，受重傷的尹子奇只好退兵，睢陽之圍立刻解除。

人生的歷程，充滿各種艱難與挑戰，有些問題很具體，不難解決；有些問題則是盤根錯節，難以捉摸，甚至非常抽象，如何解讀，如何找到病根，有效切入關鍵點，在在考驗每一個人的見識與能力！

雷達不是殺人武器，但飛彈必須依賴它的追蹤，鎖定功能，才能更有效打下敵機。草箭也是一樣，都是解決問題的工具，可見，要解決問題，就不能忽視工具的存在，以及善用工具的能力。

越沒有漏洞，越容易成功

不是完全專注於一件事物上就能獲得成功，因為每個人的思考或視線都一定會有盲點或死角。

做人做事多一點心眼，才會多一點勝算。

有點心機並不算卑鄙，關鍵在於，你是用心機來保護自己，爲自己創造機運，還是將心機用來陷害別人。如果你懂得善用心機來提防生活中可能出現的漏洞，就越容易獲得自己可望的成功。

不論一張網子怎麼編織，始終都有漏洞，只是洞的大小不同罷了。就像生活中，不論我們怎麼小心謹慎，總難免會有看走眼的時候，也難免被壞人矇騙。只是不管事情後續怎麼演變，都要記取教訓，都要積極負起補救的責任。

有個形跡可疑的人開著車來到邊境，哨兵見狀立即迎上前去，其中一名哨兵在檢查行李箱時，發現有六個接縫處鼓得緊繃繃的大袋子。

哨兵立即斥聲問道：「裡面裝了什麼東西？」

「泥土。」司機答道。

「把袋子拿下來，我要檢查。」哨兵大聲命令著。

這個人便乖乖地將袋子全搬了出來，果眞袋子裡面除了泥土之外，就沒有發現其他可疑的東西了。

雖然哨兵心中存疑，但是在找不到證據的情況下，只好讓他通行。

一個星期後，這個人又開著另一輛車來到了邊界，同一名哨兵再次上車仔細檢查他的行李箱。

「這次袋子裡面裝了什麼啊？」哨兵問道。

「土，又運了一些土。」那人回答。

哨兵仍舊不相信，再次要求對那些袋子進行檢查，結果仍然一無所獲。

相同的事情幾乎每週都要重演一次，一直持續了六個月後，哨兵實在被煩擾得灰心喪氣，最後竟辭職了。

後來，有一天深夜，這個離職的哨兵湊巧在酒吧裡遇見了那個運送泥土的人，只見他渾身酒氣的模樣走了進來。

哨兵忍不住上前問他：「老兄，你能不能幫我解決一道難題？今晚你喝的酒全部由我請客，只要你告訴我，那段時間內你到底在運送什麼東西？」

那個人轉身過來，接著便湊近哨兵的耳朵邊，笑嘻嘻地說道：「汽車！」

你是否曾經懊悔地說：「啊！我怎麼沒發現！」或曾驚呼：「咦？怎麼會發生這麼大的漏洞？」

每個人在處事時難免會有一些遺漏，因爲很多人無法以正確的網，網住自己準備捕捉的目標物，就像故事中的哨兵，明明已經對準了其中的問題目標，卻還是讓走私客從他破漏的網眼中一再逃脫。

之所以會發生如此情況，關鍵是因爲頭腦簡單的哨兵始終都盯著車廂上的土堆，視線只網住了車廂上的物件，卻把其他相關的可疑事物，包含車子本身全部遺漏了。

這個走私的壞人無疑替哨兵上了一課，我們也從中獲得了一個另類省思，不是完全專注於一件事物上就能獲得成功。

因爲，每個人的思考或視線都一定會有盲點或死角，如果不想讓這些盲點成爲我們網羅成功的大缺口，除了緊捉住目標物不放外，還要懂得運用眼角的餘光去搜羅其他有助於我們成功達成目標的助力。

每張網都一定會有漏洞，要依據目標身邊的雜質大小，聰明地選擇洞的大小，如此，我們才能把那些無用的雜物一一篩除，讓最終的目標物更加明確清晰。

提防別人的惡性競爭

在高度競爭的時代，必須提防別人的惡性競爭，不論做什麼事情，都要有掌握正確資訊和運籌帷幄的能力。

日本心理學作家邑井操在《決斷力》一書中寫道：「一個成功者之所以與一般人不同，就在於他能夠在勝負未分之前，對自己的應變能力充滿信心，然後去謀取獲得勝利的條件。」

的確如此，成功者之所以能夠成功，關鍵就在於競爭過程中，懂得掌握最新最快的情報，然後設法爲自己製造最有利的條件，不動聲色地排除那些潛藏在暗處的威脅。

至於失敗者之所以失敗，往往就是引用錯誤的情報錯估形勢，或者昧於知人，喜孜孜地把別人包藏禍心的建議，當成對自己有利的忠言，事前既不查證，事後又對自己的失敗感到莫名其妙。

李林甫是唐玄宗的宰相，也是以口蜜腹劍「名垂青史」的陰謀家。

他有一個心腹大患名叫嚴挺之，由於觸怒唐玄宗而被貶黜到地方任職，但是李林甫仍時存戒心，對他處處提防。

果然，有一天，唐玄宗突然想起嚴挺之，想召他回京師任職，便信口問李林甫說：「嚴挺之現在被貶到哪兒？過幾天把他調回京城吧！」

當天，李林甫退朝後，立刻擺駕前往嚴府，笑嘻嘻地對嚴挺之的弟弟說：「我是特地來報喜訊的，陛下對令兄的現況相當關心，想把他召回京師，但是，又拉不下面子，你不妨通知令兄，讓他向皇上聲稱自己中風，奏請回京療養，讓皇上有個台階可下……」

嚴挺之接到弟弟的書信，不禁喜上眉梢，即刻派專人呈遞奏文，請求唐玄宗調他回京。

唐玄宗接到奏文之後，隨即詢問李林甫應當如何處理，李林甫當下擺出一副忠厚老實的模樣，恭恭敬敬地回答說：「嚴挺之已經年紀老邁，而且中了風，念在他以前的功績，敬請陛下恩賜，把他調回京師擔任閒職，讓他專心養病。」

唐玄宗聽到李林甫這番爲嚴挺之「設想」的說詞，不疑其中有詐，直誇讚他：「你眞是體恤嚴挺之啊！」

美國有句俗諺說：「甜言蜜語是射向心臟的箭。」

李林甫的奸詐手段，幾乎已經到達爐火純青的境界。

看完這則故事，我們不難理解，李林甫可以在唐玄宗時代獨攬大權，屢次鬥倒政敵，其實不是偶然。

當他從言談之中聽出唐玄宗有意再起用嚴挺之的訊息，便開始構思如何保護自己的地位，當下拿出看家本領，施用巧計，既把政敵嚴挺之東山再起的機會消滅於無形，又讓唐玄宗以爲他「宰相肚裡能撐船」。手段之高明，眞不愧是口蜜腹劍的厚黑高手。

嚴挺之被李林甫耍得團團轉的例子，並不是古代資訊不發達的社會才有，事實上在現代高科技社會中也屢見不鮮。

這些受騙上當的人的慘痛教訓，無疑提醒我們，在高度競爭的時代，必須提防別人的惡性競爭，不論做什麼事情，都要有掌握正確資訊和運籌帷幄的能力，才能先下手爲強。

得意忘形，小心落入陷阱

面對顯而易見的騙局，我們通常都能輕易地識破。但是，一旦你自認遠比別人聰明而得意忘形時，你就會墜入另一個圈套之中。

誠實有時候只是虛偽的另一種寫法。

當別人有心存心要欺騙你的時候，你一定要提高警覺，因爲，這時候他們往往會以誠實、謙卑的面貌出現，然後使用巧妙的伎倆遂行騙術，讓你被騙了還渾然不自知。

古時候，有一個文人叫朱古民，以行事機智幽默聞名。

有一年冬天，他到一位湯姓文人家中拜訪，兩人坐在火爐前天南地北地閒聊。

聊著聊著，湯姓文人嫉妒朱古民享有盛名，不以為然地說：「別人常常誇獎你聰明機智，我偏偏不信我的才華智慧會輸給你，這樣子吧，我坐在屋內，如果你有辦法把我騙到屋外去，我就甘拜下風。」

朱古民想了一下，面有難色地回答說：「老兄，這未免太困難了吧？屋外颳風下雪，天氣那麼寒冷，而且你心裡已經打定主意不讓我騙，就算我用盡各種法子，你也必定不肯走出屋外。不如這樣，我們換種比較容易的方式，你先到屋外，我用室內的溫暖來引誘你，這樣子，你一定很快就會被我騙進來。」

湯姓文人聽後，不疑有詐，笑著說：「哼，你想騙我，哪有這麼簡單?!我就走到屋外，看你有什麼本事騙我進來！」

湯姓文人隨即得意洋洋地走到屋外，然後對屋內的朱古民高聲喊道：「喂，我已經到屋外了，你現在趕快騙我到屋內吧！」

朱古民看了湯姓文人在風雪中凍得發抖的模樣，拍手笑道：「湯兄，我何必再騙你呢？我早已經把你騙到屋外了。」

話說得越悅耳動聽、越合情合理，越必須反覆斟酌其中是否有詐。因爲，語言只不過是一種工具，有時用來表達眞實意見，有時用來隱藏見不得人的心思，要是不細心推敲，就容易被表面現象欺騙。

面對顯而易見的騙局，我們通常都能輕易地識破。但是，人性是狡詐的，一旦你掉以輕心，自認遠比別人聰明而得意忘形時，你就會墜入另一個圈套之中，正像故事中的湯姓文人，自己都已經被騙到屋外了，卻渾然不知，還高聲喊著要別人把他騙到屋內。

趁早脫身，才能躲過厄運

想要走出爾虞我詐的人性叢林，不被有心人士繼續利用，就必須絞盡腦汁，用積極行動幫助自己脫身。

奧地利作家茨威格在《桎梏》一書中寫道：「人應該為自己的思想去獻身，而不是為別人的瘋狂去送死。」

在這個奸惡之人當道、詐術騙術目不暇給的年代，許多有心人士更是處心積慮想要騙取我們的時間、熱情與精力，去爲他們賣命，我們怎能不趁早從這些陷阱中儘快脫身呢？

明朝知名的風流才子唐伯虎，精通詩畫，博古通今，文才遠近馳名。寧王朱宸濠久仰其名，便重金禮聘他到自己的封地當官。

唐伯虎上任後，朱宸濠對他相當禮遇。但是，經過一段時間，唐伯虎察覺朱宸濠大肆招兵買馬，有圖謀不軌的跡象，暗自警惕：「此地是火坑，不可久留。」

他清楚朱宸濠生性多疑，倘若公然表達辭隱的意思，必定會引起朱宸濠的猜忌，搞不好還會招來殺身之禍，於是他就裝瘋賣傻之計，忽哭忽笑，說話顚三倒四。

朱宸濠知道這事之後，派人前來查看他是否眞的瘋了，只見唐伯虎全身赤裸、披頭散髮，在衆目睽睽之下淫猥地撫弄自己的生殖器官，還往地上撒尿，然後又抓起污物來吃。

朱宸濠聽到屬下這番描述，認爲唐伯虎眞的瘋了，不覺興起憐憫之心，派人把他送回家鄉。

後來，朱宸濠謀逆不成，伏法受誅，餘黨無一倖免，唯有唐伯虎及早脫身，沒有被株連。

缺乏識人之明與觀察能力的人，總是迷惑於眼前的際遇，總是認爲對自己好的人就是好人，對自己好的事就是好事，忘記人性是虛僞狡詐的，世事是變動不羈的。這樣一味仰賴別人的結果，其實只會削弱自己的應變能力，有時甚至陷入險境而不自知。

日本心理學家德田虎雄在《產生奇蹟的行動哲學》一書中提醒我們：「行動，行動，行動……只有徹底的行動，才是改變自己，改變自己周圍社會的唯一途徑。」把自己的人生希望寄託在別人身上，不僅僅是危險的行徑，同時也是可憐與可悲的懦弱表現。

想要走出爾虞我詐的人性叢林，不被有心人士繼續利用，就必須絞盡腦汁，用積極行動幫助自己脫身。

萬一想不出更好的點子，不妨學習唐伯虎裝瘋賣傻的計策，讓對方認爲你已經沒有利用價值，而不再對你糾纏不休。

這個方法雖然有損顏面，但是，想要讓自己快活一輩子，暫時委屈自己一下子又有什麼關係呢？

針對敵人的弱點進行心理戰

面對蠻橫無理而又無知的人，無法跟他們講道理的時候，就要針對他們的弱點進行心理戰。

美國總統林肯曾說：「如果我們能夠了解我們的處境與趨向，那麼，我們就能更好地判斷我們應該做什麼，以及怎樣去做。」

我們在生活中遭受的痛苦與折磨，有些是我們自找的，有些則是週遭的人硬生生加在我們身上的。無論如何，這些都是相當不愉快的生活經驗，必須儘快擺脫，才能讓自己身心健康，過自己想過的日子。

想要脫離眼前讓自己痛不欲生的困境，就必須下定決心徹底分析自己當前的處境，明瞭自己和對手的優勢與劣勢，然後才能設定往哪個方向突破，以最有效率的方式獲得成功。

從前，有一個秀才相當怕老婆，他的妻子是個醋罈子，生性潑辣善妒。

有一次，她怕丈夫到外頭拈花惹草，就在他的腳上綁了一條長繩，只要她一拉繩子，丈夫就得馬上前來報到。

這位秀才簡直活在水深火熱之中，苦不堪言，於是便找機會和一個平日熟識的神婆串謀，趁他的妻子睡午覺的時候，把長繩拴到一頭公羊腳上，自己則逃到外面逍遙。

秀才的妻子午覺醒來之後，便拉動繩子，要丈夫前來報到，誰知丈夫竟然不見蹤影，卻不知從哪裡跑來一頭公羊。

她大吃一驚，連忙叫人找神婆前來詢問一番。

神婆屋裡屋外逡尋了一圈，然後煞有介事地說：「哎呀，這都是因爲妳平日潑辣善妒，做事太過刻薄，把丈夫當成畜生看待，神明看不過去，因此一氣之下就乾脆把妳的丈夫變成了一隻羊。如果妳願意懺悔改過，我可以幫妳祈求上天寬恕。」

婦人聽了這番話，不禁悲從中來，抱住羊頭痛哭不已，一再向神婆表示自己一定會悔過自新，請她設法幫忙。

爲了把戲演得逼眞，神婆便要她齋戒七天，而且全家大小都要到神壇前默禱，隨即牽著羊走了。

七天之後，這個秀才慢慢晃回家，他的妻子看見他之後，立即痛哭流涕地詢問：「你變成羊好多天，辛苦嗎？」

秀才暗自覺得好笑，但是一本正經說：「嗯，我還記得因爲城裡沒草可吃，只好去啃桌腳，肚子不時隱隱作痛，還拉肚子拉了好幾天。」

他的妻子聽了更加傷心，決心要痛改前非，但是，有時候還是免不了會流露潑辣善妒的本性。

每當這個時候，這個秀才便故意爬在地上，裝成羊的樣子亂跑亂叫，婦人大驚不已，表示以後再也不敢善妒了。

這個故事告訴我們，擁有比別人更多的知識就是擁有征服的力量，尤其是，面對蠻橫無理而又無知的人，無法跟他們講道理的時候，就要針對他們的弱點進行心理戰。

智力會增加成功的機率，因此我們平常就得鍛鍊自己的腦力，讓才智像太陽一樣發光發亮，如此它才可能成爲克敵致勝的秘密武器。同樣的，自認爲性格懦弱、意志力薄弱的人，也應該針對自己的弱點，加強心理建設。

困難，往往是我們薄弱的性格想像出來的；徬徨、膽怯、逃避……種種負面心理，總是使得我們將一灘淺水想像成汪洋大海。

人若是碰到不如意的事情就陷入苦惱的迷宮，一直想個不停，最後必然會因爲苦惱、疑惑而一蹶不振。其實，只要我們不去想負面的事情，性格自然可以變得樂觀開朗。

一個人只要腦海中存有「我是個很堅強的人」或是「不論碰到任何事情我都能隨機應變，沒什麼好怕的」之類的念頭，性格自然能夠隨之改變，進而誕生一個嶄新的面貌。

小心成為被算計的對象

這是一個敵人無所不在的社會，雖然沒有戰爭的形式，卻有激烈競爭的事實。當有心人盯住你時，你可能就是一隻待宰的羔羊！

人的喜好與慾望，其實就是人的弱點與罩門。不要說你與人無冤無仇，也不要說你與世無爭，什麼弱點、什麼罩門，統統與你無關！

當然，如果你是個萬事無所謂的凱子，那確實沒什麼大不了。

如果你對你的人生覺得「無所謂」，不想被無端消費、乾洗、消耗，最好將你的喜好稍微節制，或者是略做隱藏，不要將喜好與慾望在光天化日之下裸露，尤其在這個講究消費與競爭的時代與社會。

宋朝寶元年間，黨項族人頻頻侵犯邊界，其中，明珠族的首領非常慓悍，很不容易應付。更不容易的是，奉派征討的將軍种世衡得到的指示是活捉他，而不是殺死他。

在幕僚會議上，大家想來想去都想不到好方法，後來，有人說起這位首領很喜歡打鼓，是一位「鼓癡」。

种世衡聽到後喜形於色，於是，便派人製作一個精美的戰鼓，外覆一層銀，妝點得相當華麗、新奇，並由一位穿著銀色衣服的人，以極吸引人的姿態，偷偷地送往明珠族的住地上去兜售。

緊接著，种世衡又親自挑選了數百名精銳士兵，化裝尾隨跟蹤，並命令他們鼓賣了以後，如果看見有人持著銀鼓外出敲擊，就將他活捉。

這麼特殊、華麗的戰鼓，只有頂尖的人才配擁有。明珠族的首領，這下中計了，不僅以重金買下了它，還迫不及待想試試身手。當然，也這樣被宋軍輕易地活捉了過去。

我們置身的是一個敵人無所不在的社會，雖然沒有戰爭的形式，卻有激烈競爭的事實。

這樣說或許是危言聳聽，但是如果你的消費習慣、你的收入狀況、你的賺錢能力、你的前景和潛力……等等，都成了別人電腦裡頭的分析資料後，也許會給你帶來不少榮耀與尊崇，不過，與此同時，你也成了被算計的對象。

當有心人盯住你時，你可能就是一隻待宰的羔羊！

你是天真，還是愚蠢？

見獵心喜是人的通病，尤其平白無端撿到好處，更容易讓人得意忘形，而忽略了可能隱藏其中的危機。

粗枝大葉有時叫豪爽，有時則叫粗心；謹慎小心有時叫仔細，有時則叫多疑！什麼時刻該粗枝大葉，睜一眼閉一隻眼，什麼時候又該謹慎小心，明察秋毫，似乎要看什麼事，什麼對象而定。

事實上，如果碰上無傷大雅的事情，以什麼態度來應對，都不會有問題。一旦碰上有得失、有成敗、有計較的事務，該謹慎小心時，就不能粗枝大葉、馬馬虎虎！

三國時期，吳國大將呂蒙接受蜀漢的荊州城守將麋芳投降後，還沒看到麋芳的

本人，就高興地召集所有將領，準備飲酒作樂，大肆慶祝一番。

看到這種情形，呂蒙身邊的謀士虞翻對他說：「就目前的訊息來看，投降我們的不過是麋將軍一個人而已，至於城內其他人的想法如何還不知道，我看還是得先進城看看，確認一下才好。」

呂蒙接受了虞翻的看法，就馬上要行動。

這時候，虞翻又說：「別那麼急，如果城內設有伏兵，我們兩個都會完蛋，還是和麋芳一起進城比較保險。」

入城之後，虞翻挾持麋芳，並發佈假令命說：「我麋芳今天脫困回來，願意與大家共生死，如果有誰願意出面抵抗敵軍，我會相當感激！」

說完，一些根本不想投降的將領陸陸續續走了出來。虞翻當然是全部將他們捕殺，呂蒙這才安安心心地進佔荊州城。

見獵心喜是人的通病，尤其平白無端撿到好處，更容易讓人得意忘形，而忽略了可能隱藏其中的危機。

凡事太天眞、太單純，往好的方向想是樂觀、豪爽、沒心機，可是往壞的一面想，則是愚蠢、沒腦子！

這些道理很平常，只是有時候，情緒HIGH過頭了，難免忘記。

虞翻是個經學專家，心思細膩周到，處事有節有律，呂蒙有了他，才免於人頭落地。事實上，任何團體、組織如果缺乏虞翻這種類型的人物，恐怕都很難不自亂陣腳，把可以贏的棋局玩到輸掉！

3.

純潔過頭，小心變呆頭

純潔過了頭，就會變成一種容易被人利用的弱點。
無知的人，往往會淪為別人蠱惑、操縱的呆頭！

想得太美好，只會增添懊惱

看上你的人未必真的喜歡你，更大的可能，是他看上了你的利用價值，或者是一時看走了眼。

單純的人固然最受歡迎，但也最容易被騙。他們總是把事情想得太美好，因而成爲別人算計的對象。

做人要是沒有一點防人之心，無異於把自己推向險境。想在人性叢林裡優遊自在，就應當抱持著純眞的態度待人，用精明的態度做事……

小王很瘦，一百八十幾公分高的人，體重還不到五十公斤，身邊的朋友都譏笑他爲「排骨酥」，偏偏他又經常不修邊幅，三十好幾了，別說是討老婆，就連一個女朋友也沒交過。

每當心情鬱悶時，小王只能獨自一人到夜店喝酒。夜店老闆娘是個死了老公的女人，雖然徐娘半老了，但是風韻猶存，小王心裡對她早有遐想，但老闆娘似乎不以爲意，只把他當作是一般客人對待。

一天晚上，小王又來到這家夜店喝酒，正當喝到微醺時，老闆娘突然走過來對他說：「你今晚有空嗎？」

天哪！居然有這等好事！小王直覺認爲老闆娘話裡充滿暗示，興奮地回答：「有空！有空！當然有空！」

老闆娘接著說：「那麼，可以請你在打烊之後來我家一趟嗎？注意不要讓別人看到，省得別人閒話……」

哇！眞是細心體貼又熱情洋溢啊！小王拼命地點頭，只差沒有把自己的脖子給扭斷。當天夜裡，小王按照約定時間來到老闆娘的家裡，一進門，老闆娘就對小王說：「你先把衣服脫了，在床上等我，我馬上就來。」

小王聞言，隨即把自己的衣服剝個精光，在床上擺出自認最迷人的姿勢，流著口水等待大美人的到來。沒想到幾分鐘以後，老闆娘……和她五歲大的兒子一同走了進來，她站在房門口，指著小王對她的兒子說：「你看吧，你再不乖乖吃飯，就會變成這個樣子喔！」

做人最好憑實力，不要太相信自己的運氣。

有時候，天上掉下來的艷福，實際上可能是一種「厭」福。看上你的人未必眞的喜歡你，更大的可能，是他看上了你的利用價值，或者是一時不察看走了眼。

許多人習慣和自己的想像談戀愛，只是，大家都知道，想像與現實往往是有距離的。你可能會把事情想像得太美好，正如他也有可能把你想像得太過美好，結果是增添彼此的懊惱。

只注意表象，就看不清真象

我們在不知不覺中冤枉了別人，探究其原因無他，只因為我們實在太自恃聰明，也太容易被事情的表象所蒙蔽。

活在這個紛紛擾擾的時代，人與人之間充滿著爭執、衝突、競爭、交戰，就算你不惹人，別人也會來惹你，就算你不礙事，事情也會自動來礙你，甚至來得莫名其妙，躲都躲不掉！

遇到別人找碴，必須要學會用機智的方式反擊。

人生有很多尷尬、難堪的狀況必須面對，選擇沉默只會被認爲默認，氣急敗壞、支支吾吾也只會讓別人誤解，機智可說是人際應對不可缺少的一環。

想要發揮幽默感，必須根據自己面臨的狀況，找到正確的切入點，正如英國傳記作家斯末萊特所說的：「要根據各種狀況，仔細選擇最為可行的方法。有時候，你必須把手上的石頭丟掉，但是，有時候你又必須把石頭撿回來。」

一對夫婦到一個湖濱勝地度假，丈夫經常在破曉時分去釣魚，妻子則喜歡坐在一旁安靜地閱讀。

某天早晨，丈夫釣完魚後就先回湖邊的度假小屋休息了。妻子雖然不熟悉這個湖，但她仍然駕駛丈夫的釣魚船離開湖岸，並把船開到湖中央，在水中拋下錨，然後悠閒地坐在船上看書。

不久，一名警察開著船來了，他上了女士的船後說道：「早安，女士，請問妳在這裡做什麼呢？」

「讀書啊。」女士一邊回答一邊想著：「難道你沒有長眼睛嗎？」

「妳在限制漁獵區釣魚！」

「我絕對沒有。正如你所見，我並沒有釣魚。」

「但是妳擁有全部的設備，所以我必須帶妳去一趟警察局。」

「好啊，假如你眞的那樣做，我就控告你強姦！」女士厲聲威脅他。

「喔！我眞不敢相信像妳這麼一位溫文儒雅的女士竟能昧著良心說謊，妳明明知道我連你一根頭髮都沒碰。」警察抱怨地說。

「是啊，你說的沒錯。」女士回答：「但是你擁有全部的設備。」

話說有隻雞被吃掉了，狐狸法官們審判住在雞舍隔壁的山羊說：「雞是你的鄰居，離你最近，不是你吃的還會是誰啊？」

山羊可憐兮兮地替自己辯解：「我們山羊是吃草的，怎會吃雞呢？」

狐狸聽了，一臉不屑地反問：「那隻雞那麼香、那麼嫩，誰會相信你看著牠會不想吃牠啊！」

狐狸陪審團聽了都深有同感，因此牠們一致認爲是山羊幹的，於是倒楣又無辜的山羊就這麼被推出去斬了！

也許你會認爲以上的小故事太愚蠢，但仔細想想，我們日常生活中不也常用自己的觀念去判斷別人的行爲嗎？

沒有人喜歡被人冤枉，但是我們卻常常在不知不覺中冤枉了別人，探究其原因無他，只因爲我們實在太自恃聰明，也太容易被事情的表象蒙蔽。所以，若想避免這種情況，我們就得拋開預設的立場，從他人的角度設身處地地思考對方的行爲，如此才能明瞭眞正的動機，也才能避免傷害對方。

嫉妒的人最愛暗箭傷人

做人千萬不要因為一時的得意而忘形，也不要因為一時的失意而喪氣，那只不過代表專注的方向不同而已。

古人之所以會強調「明槍易躲，暗箭難防」，是因爲「暗箭」通常都是見不得人的卑劣勾當，而且多半在人春風得意的時候，冷不防地從背後襲來。最糟糕的是，我們通常搞不清楚「暗箭」傷人的到底會是張三、李四，還是王二痲子，因此防不勝防。

最常見的「暗箭」，就是不利於自己的流言蜚語與八卦傳聞。

法國著名的思想家伏爾泰就曾經這麼深刻地寫道：「死者不在乎誹謗中傷，活人卻因它而怒極身亡。」

修車廠裡，工人們一邊吃便當一邊聊天。談笑之中，杰哥得意地問大家：「你們有沒有聽過畢昇這個人？」

「沒聽過。」眾人不約而同地回答。

杰哥看著眾人，倚老賣老地說道：「唉，如果你們像我一樣，利用晚上的時間去補習求知，你們就會知道畢昇就是發明印刷術的人。還有，你們有沒有聽過馬登這個人？」

所有人面面相覷，大家都不知道馬登是何許人也。

杰哥繼續驕傲地說：「馬登就是培植馬鈴薯成功的人。唉，你們這些愚蠢的人類啊，如果再不學學我，利用下班以後的時間去補習，我看你們是一輩子都不會有學問的……」

說到這裡，一個年輕的修車師傅滿臉不悅地說：「哼！我知道你懂畢昇、馬登這些已經作古的人，但是，這有什麼了不起？我倒要請問你，你有沒有聽過一個叫王二麻子的人？」

「沒聽過。」杰哥回答得好不尷尬。

年輕的修車師傅接著說：「那我告訴你，王二麻子就是趁著你晚上去補習時，和你太太睡覺的人！」

所謂美滿的人生，就是不羨慕別人的幸福，也不向別人炫耀自己的幸福，否則背地裡嫉妒的「暗箭」就會向你襲來。

英國作家托馬斯·富勒曾經說過：「最能讓惡毒的舌頭得到滿足的，莫過於他人憤怒的心。」

人生在世，難免招惹流言蜚語，但只要輕鬆因應就能脫離窘境。

其實，「暗箭」傷人有著奇妙透頂的規律，越是想撲殺它，它就越生機勃勃，一旦不理會它，它就自然而亡。

遺憾的是，這個道理雖然人人都懂，但卻因爲不知如何因應，而屢屢爲這些「暗箭」所傷。

當你遇到有人當面揶揄譏諷，或是在背後散佈惡毒的壞話，不必急於辯白駁斥，而應該冷靜地說，「暗箭傷人」的人顯然不十分了解自己，否則就會抖出更多不為人知的缺點和隱私。

如此一來，才不會讓那些想要看好戲的人陰謀得逞。

做人千萬不要因為一時的得意而忘形，也不要因為一時的失意而喪氣。

什麼壞事都有可能發生

地球是圓的，從自己手中散播出去的「病毒」在人群中流轉，遲早都還是會回到自己的身上。

很多時候，造成我們判斷錯誤或遭遇挫敗的，並不是別人的刻意偽裝，而是我們自己不具備基本的識人概念。

人總是盲目地相信自己比別人走運，從沒想過某些出乎預料的好運道，其實是包藏禍心的「仙人跳」。

在這個什麼壞事都可能發生的年代，千萬別太相信事情的表象，更不要太相信那些道貌岸然的「好人」，否則到頭來恐怕會讓你有痛不欲生的感覺！

一天夜裡，老吳著急地打電話給他們的家庭醫生，劈頭就說：「醫生！怎麼辦？我的孩子好像得了梅毒！」

醫生聽了，趕忙安慰他說：「冷靜點，別緊張！明天早上過來診所，我幫他打一針以後就會慢慢好起來的。」

醫生說完，還特別囑咐道：「這種病會傳染，所以在完全康復之前，你要叮嚀你兒子千萬不可以有性行為。」

「啊！那糟了！」老吳驚叫一聲之後說道：「他昨天好像才和我們家的女傭做過耶！」

「那麼明天早上，就順便叫你們家的女傭也來打一針吧。」

「可是……我今天早上也和我們家的女傭做過了耶！」

「喔？是嗎？你們家可眞亂！」醫生說：「那你也得打一針了！」

「而且……」老吳有些不好意思地繼續對醫生說：「我今天晚上，也和我老婆做過了耶！」

「什麼！你說什麼！」醫生忽然甩下手裡的話筒，緊張地大叫：「那我也得趕快打一針了！」

所謂「天有不測風雲，人有旦夕禍福」，當一個人不走運的時候，什麼壞事都有可能發生。

不要以爲你「有燒香有保庇」，因爲人際網絡比你想像中還複雜，而這個世界也沒有你以爲的那麼大。

人際傳播的力量眞是可怕！即使這世上沒有神明，我們也不得不相信有「報應」這回事，因爲地球是圓的，從自己手中散播出去的「病毒」在人群中流轉，遲早都還是會回到自己的身上。

因此，做虧心事之前，要先想到這一點，所謂「己所不欲，勿施於人」，今天你對不起別人，總有一天，你也會被人辜負。

你算計別人，別人也會算計你

有時候你覺得吃了虧，其實是逃過了更大一劫；有時候你埋怨自己腦袋不夠靈光，其實應該慶幸自己沒有自尋煩惱。

人是最擅長隱藏自己心思的動物，尤其是爲了達成某些目的，外在的僞裝會更加縝密、複雜。

但是，耍弄心機必須適度。千萬別以爲自己聰明絕頂、心思縝密，其實，每個人心裡都有一台計算機，當你自以爲高明地算計別人時，別忘了，別人也正透過巧妙的方式在算計你！

衆所皆知，監獄裡面所有來往的信件都會經過嚴格的檢查。

某個犯人收到他老婆寄來的信，信上寫著：「親愛的，我想要在家門口的花圃種馬鈴薯，請問我應該什麼時候種呢？」

犯人回信道：「妳什麼時候種就什麼時候種，不過，千萬記住，不管任何情況下，絕對不能挖開花園裡的任何一寸泥土！因爲我所有的秘密都埋在那裡面。」

幾天以後，犯人的老婆寫信給他：「好奇怪喔！前幾天有六個調查員突然來到家裡。他們把我們家門前的花圃裡的每一寸泥土都翻遍了。」

目的達成的犯人於是很簡短地然地回信，向老婆說：「現在已經是種馬鈴薯的時候了……」

俄國作家剛察洛夫曾說：「把自己觀察與經驗，和諧而巧妙地運用到生活之中，就是智慧。」

做人要長心眼，但是不要耍心機。

沒有心眼，處處吃虧，被人賣了還認眞地幫人數鈔票，最後換來一場懊惱，這樣的人怎麼可能活得快樂？

心機太重，處處算計，凡事以小人之心度君子之腹，總想著投機取巧，這種人自然也快樂不到哪裡去。

俗話說得好，「害人之心不可有，防人之心不可無」。多一事不如少一事，有時候你覺得你吃了虧，其實你是逃過了更大一劫；有時候你埋怨自己腦袋不夠靈光，其實你應該慶幸自己沒有自尋煩惱。

正所謂「人算不如天算」，除非你認為自己的道行比天高，否則，讓天去算就好了，千萬別浪費了腦力，別把心機浪費在算計別人！

純潔過頭，小心變呆頭

純潔過了頭，就會變成一種容易被人利用的弱點。無知的人，往往會淪為別人蠱惑、操縱的呆頭！

英國作家赫胥黎曾經寫道：「人生最大的悲哀，就是純真的想法，往往被醜陋的事實所扼殺。」

秉性單純的人固最容易被騙。做人要是沒有一點防人之心，無異於把自己推向險境。想在人性叢林裡優遊自在，就應當抱持著純眞的態度待人，用精明的態度做事，千萬別當愚蠢的傻人……

一名風塵女郎某日獨自開車在外兜風，不料車子卻意外拋錨在一條偏僻的道路上，眼看著天色逐漸暗了下來，放眼望去，這附近似乎只有一戶人家，女郎別無他法，只好硬著頭皮前去借宿。

這戶人家的主人是名老農夫，有兩個未經世事的兒子，都長得像偶像明星一樣俊美，女郎實在忍不住不去勾引他們，但又害怕被老農夫發現，只好趁著夜裡，光著身子走到農夫兒子的房間裡，對他們說：「你們想了解快樂的眞諦嗎？」

農夫清純的兒子從未見過女人的身體，此時自然是看得目瞪口呆，只能完全聽從女郎擺佈。

在女郎的指導下，這對兄弟乖乖戴上預防懷孕的保險套，三人翻雲覆雨廝混了一整個晚上。

第二天天才剛亮，女郎便不告而別，心滿意足地離去，從此兄弟倆再也沒有見過女郎的蹤影。

時光飛逝，二十年過去了，老農夫已經年邁去世，兩個兒子也從少男變成中年男子，兄弟倆相依爲命，誰也沒有起過成家的念頭。

某個月圓的晚上，在結束了一天的工作之後，哥哥突然想起了什麼，感觸良多

地對弟弟說：「你還記不記得二十年前，曾經有一個女生教了我們快樂的眞諦？」

「當然記得！」弟弟回答說：「那是我此生渡過最美好的一個夜晚，我這輩子都不會忘記。」

「那麼……你還在意她會不會懷孕嗎？」

弟弟想了一想，搖搖頭說：「已經不在意了……」

「嗯，事情已經過了這麼久，那……我們就數一、二、三，一起把保險套拿下來吧！」哥哥鄭重宣佈。

人生路程難免會出現激情，激情往往讓人的舉止偏離正常的軌跡，只不過，事過境遷之後的表現截然不同。

有的人像故事中的風塵女郎一樣，把它視爲一場遊戲，選擇悄然離去，有的人則會像故事中的兩兄弟一樣純情，對於一夜激情念念不忘，甚至到了癡心迷醉的地步。

純潔是一種優點，但若純潔過了頭，就會變成一種容易被人利用的弱點。

做人不一定非要行走江湖、深入染缸，但也不能與世隔絕、孤陋寡聞，正如現代人常講的：「沒有知識也要有常識，沒有常識也要看電視」，否則就容易自以爲是。

單純固然是一種幸福，然而，太過單純，就會淪爲無知。無知的人，往往會淪爲別人蠱惑、操縱的呆頭！

別被身邊的小人耍得團團轉

只要讓自己快速學會對付小人，你就能在小人欺負你時，知道如何見招拆招，反過來牽著對方的鼻子走！

作家蒙森曾說：「凡是小人，通常都有一個共同點，那就是他們往往都會戴著貴人的面具出現在你身邊。」

因此，千萬別天眞地以爲在你最困難無助的時候，向你伸出援手的人，就是拯救自己的貴人，因爲，這個在你眼中的「貴人」，極有可能就是在背後讓你陷入困境的那隻黑手。

爲人處世有個很重要的教訓是：不可太信任別人。當然，這並不是教你陷入另一個極端的猜疑，而是提醒你要有點心機，凡事要先進行了解，千萬不要因爲人家說什麼，你就照著做什麼，否則就會被身邊的小人耍得團團轉。

紐約電話公司的總經理麥卡隆，因爲小時候被人開了一次大玩笑，於是學會了自我判斷與自我解決事情的能力。

當時他還是個小孩，雖然工作經驗還不少，卻很容易上當。那時的他在火車站的車道上做各種零工，常常受到一些工人愚弄。

在一個炎熱的夏天中午，位於山岩與河流之間的車站熱得像鍋爐一樣，有個叫比爾的工頭，卻煞有介事地要求麥卡隆去拿一些「紅油」，以便晚上點「紅色的電燈」之用。

他告訴麥卡隆「紅油」得到圓房子裡拿，麥卡隆恭恭敬敬地接收指令，便到那裡跟他們要「紅油」。

「紅油？」那裡的職員十分奇怪地問：「做什麼用的呢？」

「點燈用的。」麥卡隆解釋說。

「啊，我曉得了。」那個職員心中似乎明白了：「紅油是在過去那個圓房子的

油池裡。」

於是，麥卡隆就在那滾燙的焦煤渣上又走了一里路之遠。到了油池那裡，有人告訴他「紅油」並不在那裡，更不知道那是什麼東西，於是便叫他到站長的辦公室裡去問清楚。

麥卡隆在大太陽底下，就這麼來來回回走了一整個下午，最後他著急了，便跑去問一個年老的工程師。

這個慈祥的老工程師心疼地望著他說：「孩子呀！你不曉得那紅光是紅玻璃映射出來的嗎？你現在回到工頭那裡去和他理論吧！」

麥卡隆得到這次教訓後，發誓以後絕不要像呆子一樣，被人玩弄了還搞不清楚狀況，他決心以後做任何事都要把眼睛睜大，耳朵聽仔細，腦袋瓜子也不再只是用來放帽子的地方。

現實的社會充滿陷阱，處處可以見到欺騙、訛詐、巧取豪奪；複雜的人性捉摸不定，有時散發著善良的光輝，有時流露著醜惡的慾望。

每個人的身邊都會圍繞一群小人，諷刺的是，我們都曾因爲認識不清，對這群小人深信不疑，甚至還以爲他們是不可多得的「好人」。活在這個爾虞我詐的年代，具備一點心機，做好自保工作，無疑是防範小人耍奸耍詐的首要課題。

害怕被小人愚弄、欺負嗎？那麼你就要把眼睛睜亮點，腦子放靈活些，懂得判斷，並且努力學習。只要讓自己快速上手，你就能在小人欺負你時，知道如何見招拆招，反過來牽著對方的鼻子走！

不要習慣依賴別人，也別老是等待別人的答案，你必須要有自己的判斷力，要有自己看待人事物的方法，多用自己的大腦去思考，你才能走出自己的路。

多多思考，才能避免誤會

要減少誤會的發生，就要多用點心思考，這樣不只會減少別人誤導你的機會，也不會讓自己白白擔心一場。

你親眼所見，親耳所聽的事情，都可能不是眞相，更何況不是你親眼所見，親耳所聽的事情？

因此，在做判斷時，請先想清楚：這是你一廂情願的想法？還是眞正經得起考驗的事實？

從前，有個傻瓜娶了一個聰明的媳婦。

兩人拜了堂之後，一同被送進了洞房，傻瓜對眼前這個陌生女孩感到很好奇，直拉著她的衣袖問：「嘿嘿，我該叫妳什麼呢？」

傻瓜的媳婦聽了，覺得又好氣又好笑，信口胡謅了一句：「你就叫我『閻王爺』吧。」

新婚之夜，夫妻各自挨著床的兩邊睡。

睡到半夜，妻子用腳去勾丈夫的腿，想要給他一些「暗示」。沒想到這個傻瓜睡得正熟，糊裡糊塗被勾醒了，完全不知道該怎麼辦才好，慌忙之中只得向睡在隔壁房間的父親求救。

傻瓜對著牆壁大喊道：「爹，你快來啊，閻王爺在勾我。」

他爹一聽，還以為是閻王爺來勾魂，嚇了一跳，趕緊連滾帶爬的來到兒子和媳婦的新房門口，大聲請求說：「閻王爺啊閻王爺，我兒子還年輕，可是我已經一把年紀了，如果你真要勾的話，那就勾我吧。」

這個世界上，耳聞不足採信，眼見也不能為憑。換言之，除了你自己之外，誰也不能輕易相信。

別人未必會騙你，但這不代表他不會受其他人欺騙而得到不實的消息。如果你輕易相信某人的一面之詞，那麼最後吃虧的還是你自己。

「三思而後行」這句話不光是提醒我們做事之前要再三考慮，同時也告誡我們，聽話的時候也要經過一番思考，才能決定要不要相信。

世間的誤會何其多，有些誤會只是笑話一場，有些誤會導致反目成仇；有些誤會可以隨著時間冰釋，有些誤會卻終其一生無法補救。

要減少誤會的發生，就要多用點心思考，這樣，不只會減少別人誤導你的機會，自己也不會像故事中的父親一樣白白擔心一場。

4.

不要一味相信自己的好運

人就是這樣子，一味相信著自己的好運，
沒想過無論你走運了多久，
恐怕也承受不了一次的壞運氣。

精神鬆懈，機密就可能外洩

當我們在處理任何訊息時，不管是傳達或者接收，都要經過大腦判斷，以防有心人士利用自己來散佈謠言。

情報是任何戰場上決勝負的重要訊息，倘若落入敵人手中，就會成爲摧毀己方計劃的致命武器。

在電影、電視劇裡，主角總是「意外」在洗手間裡得到重要的消息，才能反敗爲勝，一舉打敗敵手。其實，這樣的情節不只是影片中才會出現，現實生活裡，這樣的事情也不少。

說者無心，聽者有意。必須留意，接收訊息的對象或「被迫」接受訊息的對象，都有可能「背叛」你，將你所說的一切透露給最不能知道的那個人。所以，在任何

時刻，說話都要小心。

一九四四年的秋天，史達林邀請英國首相邱吉爾和外交大臣安東尼·艾登到莫斯科訪問。

爲表示由衷歡迎，史達林在莫斯科大劇院舉行盛大文藝晚會來招待邱吉爾和艾登，安排的許多節目既精采又豐富，讓兩人目不暇給。

中場休息時，史達林請邱吉爾和艾登到休息室飲茶。席間，他們三人談笑風生，氣氛頗爲融洽。

喝完了茶，邱吉爾和艾登邊走邊聊，來到了盥洗間。這時，邱吉爾突然心血來潮，想出了一個可以幫助波蘭政府解決人民流亡倫敦問題的新點子。

邱吉爾對於這個想法異常興奮，不僅滔滔不絕地向艾登說明這辦法的相關步驟，還當場沙盤演練起來。直到艾登怕史達林和觀衆等太久，再三提醒邱吉爾，才阻止了他繼續發表。

他們一起回到包廂時，史達林和熱情的蘇聯觀衆們仍陪同他們觀看演出，沒有什麼特別的反應。

隔了幾天，史達林又邀請邱吉爾和艾登到他家共進晚餐。他們抵達時，史達林已經在門口熱情迎接。

他們一起穿過一個小小的前廳，當兩人正在欣賞室內景觀設計時，史達林突然指著屋角的一扇木雕門對邱吉爾說：「這裡是洗手間，如果你們想洗手的話，可以在這兒洗手。我知道你們英國人喜歡在這種地方討論政治問題。」

邱吉爾和艾登聽了都很不好意思，這時候他們才知道原來在莫斯科大劇院的洗手間裡安裝了竊聽器，他們的談話都被蘇聯人聽到了。

連足智多謀的邱吉爾，都會犯下如此嚴重的錯誤，萬一討論的話題是攸關國家安全的機密，那後果可就不堪設想了。況且，不管討論的內容重不重要，對史達林而言都是一件失禮的行爲。

廁所常常是小道消息的來源，因爲人們在內急「解放」之後，精神往往也跟著鬆懈，不自覺地就會將一些平常守口如瓶的消息「不小心」洩漏出來，或者是對一

些人的批評，也多半會在這個時候流露。

在瞬息萬變的人生戰場上，成功與否取決於人際關係的優劣。而與人相處時所產生的風險，都是發生在讓人意想不到的地方，一個不注意，就會陷入窘境。這也表示，當我們在處理、利用任何訊息時，都必須特別小心。不管是傳達或者接收，都要經過大腦判斷，以防有心人士利用自己來散佈謠言。

做人要是沒有一點防人之心，無異於把自己推向險境。想在人性叢林裡優遊自在，就應當秉持著「做人單純，做事深沉」八字箴言，抱持著純真的態度待人，用精明的態度做事……

寬容的態度才是最好的溝通方式

只有表現出好的態度，別人才能信任自己、喜愛自己。帶著有禮且寬容的態度應對，才是最好的溝通方式。

人與人之間免不了要有交涉，交涉並非爲了細分你我或比出高下，而是要共同找出一個最合理且科學的方式來解決問題。

很多人碰到問題時，往往還沒開始交涉，就選擇逃避或者大發雷霆，使得彼此關係凍結，更不用談解決方法了。

在交涉過程中，過於激動或畏縮的態度都不正確，唯有用溫和有禮的態度，動之以情、說之以理，才能贏得對方信任，成功說服對方。

米丘林是俄國植物育種遺傳學家，在果樹培育方面有著非常傑出的貢獻，畢生培育出的新品種果樹達三百多種。

米丘林有一個很大的實驗果園，裡面種著各式各樣雜交而生的果樹，碩大肥美的果實常常吸引附近調皮又饞嘴的孩子。他們不時地鑽進果園偷吃水果，使得實驗常常因而受阻，讓米丘林十分頭疼。

有一天，孩子們又鑽進米丘林的果園裡偷水果，但是這一次已經有所防備的米丘林出其不意地跳到了頑童們的面前，一把抓住了他們的「小頭頭」，其他的孩子則跑得不見蹤影。「小頭頭」不知所措地愣在那裡，眼中閃著慌亂的神情，準備接受一頓訓斥或打罵。

但是，出乎意料的，米丘林沒有責罵他，反而把他帶到自己的屋子裡，請他喝茶、吃小點心。「小頭頭」大為不解，小心地吃著手裡美味的餅乾，一面偷偷瞧著米丘林。

等到吃飽喝足了，米丘林才心平氣和地對他說：「你知道嗎？這些果樹可不是一般的果樹，它們有著重大的任務，是拿來做實驗用的。你們摘去的每一顆水果，都有可能把一項重要的實驗給毀掉。」

接著，米丘林又熱情地說：「實驗是很有趣且充滿意義的工作。如果成功了，就能培育出許多全新且好吃的水果，還可以讓一棵樹多結好幾倍的果實。這些等你將來長大了就會明白，或許以後你也會愛上這樣的工作呢！」

「小頭頭」聽了連連點頭，從此以後，再也沒有頑童來偷水果了。

十五年後，一個名叫雅可烏列夫的英俊農學院果樹專業畢業生，在一個風和日麗的早晨前去拜訪米丘林，並懇請他讓自己到實驗園裡做實習生。米丘林欣然接受了他的要求。

這個大學生就是十五年前偷果子的那個「小頭頭」。他果眞愛上了培育果樹的工作。在米丘林用心帶領下，雅可烏列夫成了生物學博士，也是米丘林事業上卓越的繼承者。

「心機」是人際互動之中不可缺少的一環，想要順利達成自己的目的，一定要曉得「做人單純，做事深沉」的道理。

米丘林面對頑童的態度是和顏悅色的，他選擇讓孩子了解自己的苦心，而不是用責備、打罵、一味禁止的方式。只有表現出好的態度，別人才能信任自己、喜愛自己；用良善有理的態度應對，就是米丘林與頑童交涉的方式。

對其他孩子有影響力的「小頭頭」，不僅能徹底遏止其他孩子偷果子的行爲，還在無形中爲自己的未來鋪路。米丘林當年的一句「或許你會愛上這樣的工作」，爲兩人結下善緣，成爲日後工作的好夥伴。

在人際交往的守則中，別忘了「交涉」這項學問。帶著有禮且寬容的態度應對，才是最好的溝通方法。

何必硬跟別人比愚蠢

人在評斷自己與他人時，用的往往是兩把尺，所以才會發生不跟別人比聰明、專和別人比愚笨的蠢事。

莎士比亞曾說：「傻瓜的愚蠢，往往是聰明人的礪石。」

確實如此，傻瓜就是最好的人生導師！只要明白傻瓜究竟蠢在哪裡，避免做出相同的蠢事，就離成功不遠了！人從傻瓜身上領悟到的智慧，遠遠比聰明人教導的還要多。

大寶是個非常積極向上的年輕人，花了許多年的時間到城裡打拼，好不容易賺到了一百兩黃金，光榮地回到他生長的村莊。

爲了保險起見，大寶偷偷把黃金埋在家門口的樹下，但是他仔細地想了想，這還不夠安全，於是，他又在樹下豎立一塊告示牌，寫著「這裡沒有黃金」，以爲這樣就可以高枕無憂了。

沒想到，過了兩天，同村的阿德經過此地，一看見這塊告示牌，便哈哈大笑，說道：「這個人眞笨，我敢打賭，這裡一定有黃金！」

然後，阿德就不費吹灰之力，輕輕鬆鬆地抱走了所有黃金。

然而，這畢竟是不勞而獲得來的錢財，阿德覺得有些良心不安，便也依樣畫葫蘆，立了塊告示牌，註明道：「這裡的黃金不是阿德拿走的」，這才放心地離開。

等到大寶前來察看之時，發現黃金竟不翼而飛，自然感到又生氣又焦慮。他看了看旁邊新立的告示牌，想了又想，突然靈光乍現，興奮地大叫：「我知道黃金是誰偷的了！」

於是，他馬上拿著擴音器，向著全村大喊：「除了阿德以外，村子裡所有的人統統給我出來！」

明槍易躲，「暗賤」難防，但是，偏偏有人就會笨到把「賤」字寫在臉上的小人當成好人。

別笑故事裡的兩個主角太愚蠢，現實生活中，我們不也和這兩個笨人類似，一直做著同樣的蠢事？

人總是只看見別人的錯，卻不容易看到自己的錯。即使前車之鑑擺在眼前，我們還是依然會犯相同的錯，因爲，人實在沒有自己以爲的那麼聰明，而且，人也沒有自己想像的那麼幸運。

別人的成功叫做僥倖，自己的成功才是全憑實力；別人的失敗叫做活該，自己的失敗才是冤枉。人在評斷自己與他人時，用的往往是兩把尺，所以才會發生不跟別人比聰明、專和別人比愚笨的蠢事。

不要讓別人的意見影響自己的判斷

看法人人都有，道理人人會講，不管你遇到的是哪一套意見，你都應該要有自己的一套判斷！

如果你不想老是被那些奸詐之人坑騙，就必須洞穿他們內心正在玩弄什麼詭計，否則，又怎麼知道他們如何算計你，更別提如何提防了。

活在這個「明槍易躲，暗箭」難防的社會，每個人的內心都有一些見不得人的慾望和心思，久而久之便人前一副道貌岸然的臉孔，人後卻又是另一副男盜女娼的眞實面目。

因此，千萬要提醒自己「人性本來就很詐」，千萬別認爲外表看起來人模人樣的人，就不會對你耍賤、耍詐！

同時，平常也要多一點心眼，思考那些聽起來頗有見地的建議，會不會是包藏禍心的「賤議」。

有一對結婚多年的夫妻，丈夫懷疑太太紅杏出牆，可惜工作繁忙，苦無機會調查，只好委託他們家的鸚鵡充當間諜，告訴牠每天都必須向自己報告女主人是否有不軌的行為。

過了兩天，鸚鵡回報主人說：「今天女主人帶了一個很帥的男人回來，不過你放心，沒事！沒事！那個男的進屋之後，就跟著女主人到房間裡去了，我在門外偷聽，原來女主人是請那個男的進房間去吃飯啦！而且我還聽到他們一共吃了五道菜……」

「你怎麼知道？」男主人詫異地問。

鸚鵡驕傲地回答：「因為，我有很強的推理能力嘛！他們才剛進去，我就聽見女主人說：『這雞好肥喔！』我立刻猜到第一道菜是雞肉了。跟著沒兩分鐘，我又聽見那男的說：『鴨上來囉……』所以，我想第二道菜應該是鴨吧！接著，我又聽見那個男的說：『翻過去……』憑我聰明的腦袋，我立刻猜出了第三道菜一定是魚。然後，我在房門外等了大概二十分鐘，才聽見那男的和女主人同時說：『蟹出來了……』我肯定第四道菜是螃蟹，只是不知道是不是大閘蟹？最後一道菜是湯，因爲我聽見女主人一邊笑一邊說：『好濃喔！』我想，他們喝的應該是什麼濃湯之類的吧。」

此時，男主人的臉色已經綠到快不行了，這隻自認聰明的鸚鵡急忙安撫他說：「主人，女主人只不過是好客，喜歡請人家來家裡吃飯而已。你放心，沒事！沒事！」

莎士比亞說過：「傾聽每一個人意見，可是只對少數人發表你的意見；接受每一個人的批評，但保留你自己的判斷。」

別人的意見可以參考，卻不可以當作唯一指標。

別人的指教必須虛心接納，但不需要照單全收。

這世界上有形形色色的人，也有各式各樣不同的想法和看法。你不需要爲一個人的看法而顛覆你的全世界，也千萬不要因爲相信一個人就全盤信賴他，否則只會傻傻地被人玩弄於股掌之中。

看法人人都有，道理人人會講，不管你遇到的是哪一套意見，你都應該要有自己的一套判斷！

別為了榮譽而沾沾自喜

如果為了得來不易的榮譽就沾沾自喜，成為驕傲的孔雀，那麼，阻礙你前進的絆腳石其實是自己搬來的。

席勒曾經說過：「比生命更重大的，是榮譽。」那麼，在榮譽之前，又要以怎樣的態度來面對呢？

迷失於掌聲之中的人，容易因爲自大高傲，陷於迷障而不自知。虛名、權勢、地位，會讓人忘掉自己。可是，短暫的光芒不是光芒，不過就如同彩虹般一閃而逝，什麼也無法留下。

要爭取榮譽、創造榮譽、愛護榮譽，但是不要沉迷於虛榮。在榮譽面前，更要以平常心來看待。

某一天，居禮夫人的好友到家裡作客，閒聊之際，瞥見了居禮夫人的小女兒正拿著一枚閃閃發亮的東西把玩，仔細一瞧，才發現那是英國皇家學會頒發給居禮夫人的獎章。

好友吃驚地說：「夫人，那可是一枚英國皇家學會頒發的獎章，這是一項極高的殊榮，得來不易。您怎麼能隨隨便便讓孩子拿去玩呢？」

居禮夫人聽完不以為意，輕笑說：「我這樣做並非毫無道理。我希望能讓孩子從小就明白，榮譽就像個玩具，只能玩玩，絕對不能永遠守著它不放。否則就將一事無成，永遠不會進步。」

有一家非常有名的電視台老闆邀請愛因斯坦上節目發表電視演說，能上這個節目的來賓通常非顯即貴，很多稍有政經地位的人都擠破頭用盡辦法，想上一次節目。但是，愛因斯坦拒絕了電台老闆的邀請。

老闆感到很疑惑，問道：「你難道不知道，普通人是無法隨隨便便就上這個節

光天化日下做出一些親密的舉動。

為了增加刺激和快感，男人猛踩油門，越飆越快……

突然間，車前傳來一聲巨響，頓時煙霧瀰漫，原來車子撞上了分隔島，滑行了好幾公尺才好不容易停住。

幾分鐘之後，警察人員匆匆忙忙地趕到事故現場，幸好兩人命大，車毀人安，都仍毫髮無傷坐在位子上。

不過，車上那名女子似乎受了很大的驚嚇，只見她的嘴巴大張，良久都還閉不起來，而車上那名男子，則發了瘋似地不斷大哭大叫，一點男子漢的氣概也沒有！

警察見到這副景象，不屑地說：「人沒事就好，車子再買就有了，你幹嘛哭成這樣啊！」

男子抽噎著說：「我當然要哭啊！你難道沒看到，我女朋友嘴裡含著的是什麼啊！」

有一位朋友把車子借給好友開，結果，好友把他的車子撞壞了。

非常難過，好幾夜不能成眠。

雖然是老生常談，但是我還是要告訴他：「早知如此，何必當初！」如果那部車眞的是他的寶貝，他又怎麼捨得把它交到別人的手上。既然交到了別人的手上，也就表示他應該要承受得起失去的風險，不管發生了什麼事，最終都還是要自己負責任。

人就是這樣子，一味相信著自己的好運，沒想過無論你走運了多久，恐怕也承受不了一次的壞運氣。

災難發生，通常只需要一次偶然的機會，而這次機率只有千萬分之一的偶然，往往都是人們自己給的。

小心故作英勇的假英雄

「英雄救美」是贏得美人心的老戲碼，只是，女人或許會愛上英勇的男人，卻永遠不會原諒將自己置於險地的假英雄。

人性最大弱點就是習慣相信那些慈眉善目、熱心幫助自己的「好人」！正因爲如此，才讓那些衣冠楚楚的「好人」有機會大玩「仙人跳」的伎倆。

僞善是小人最常見的面貌，恭維則是他們最常使用的武器，因爲，以善意包裝惡意，最能模糊別人的視聽，也最能掩飾自己的卑劣的動機。

現實往往沒有想像中美好，外貌也經常和內在不相符合，千萬要提醒自己多留一些心眼，才不會老是栽在那些「金光黨」的手中。

一棟大樓發生火警，消防隊趕到時發現，在十八樓的窗戶旁，有名年輕貌美的女子正在高聲呼救。

眼看著火勢凶猛，越燒越熾烈，在場所有旁觀的人都不禁爲這個美女的性命安危捏把冷汗。

只是，不知爲什麼，卻遲遲不見消防隊員前去搭救。

終於，有位英勇的消防員衝了進去，經過一番折騰之後，把美女毫髮無傷地救了出來。

事後，美女感激地對救命恩人說：「眞是太謝謝你了，我想，你爲了救我，一定花了不少力氣吧？」

「那是當然的！」消防員驕傲地回答道：「我花了很多力氣，好不容易才打退了另外那三個搶著要去救妳的人。」

曾經聽過一個傳說，一名男子愛上在河邊沐浴的仙女，便偷偷拿走岸邊那件讓仙女得以飛翔的羽衣，再裝做恰好經過的樣子，解救受困人間、不知所措的仙女。

失去羽衣的仙女留在人間，與對她有恩的男子一同生活，他們結婚、生子，過著和凡間一般夫妻一樣的日子。

一直到多年以後，仙女意外地在丈夫的櫃子裡看見她那遺失多年的羽衣，於是，毅然決然地穿上羽衣飛走，拋下了她在人間的一切。

「英雄救美」是贏得美人心的老戲碼，只要搬出這一招，很少女人可以不上當。只是別忘了，女人或許會愛上英勇的男人，卻永遠不會原諒將自己置於險地的假英雄。

搞錯對象，只會損兵折將

牽扯到利益關係的工作上，有各式各樣的人圍繞著自己，需要建言的時候，該向誰請教，需要我們用智慧好好琢磨。

在生活或工作的大小事上，我們常常會遇到一些難題，自己一個人怕想得不夠周延，便求助於他人，找出最好的解決辦法。

俗話說「一人計短，二人計長」，又說「三個臭皮匠，勝過一個諸葛亮」，都是在說一人之智有盡，多人之智無窮的道理。

不過，在我們尋求他人意見的同時，有一件非常重要的事，可千萬要先弄清楚，那就是千萬不要搞錯對象，不要以爲那些裝出「好人」姿態的人，就是可以推心置腹的人……

樹林裡有一群白鷺，住在林中的一棵無花果樹上，樹下的洞裡住著一條黑蛇。白鷺的小幼鳥們，往往在還沒有長出翅膀之前，就被蛇吞吃掉了，白鷺們一直過著這種擔驚受怕的日子。

有一天，一隻白鷺的兒女都被蛇吃掉了，傷心之餘灰心喪氣地跑到水池，垂喪著頭站在那裡哭泣。

池裡的一隻螃蟹看到白鷺這副哀戚的模樣，便問牠說：「白鷺呀！你今天爲什麼這樣悲傷呢？」

白鷺回答：「唉，我究竟該怎麼辦呢？我自己的兒女，還有我那些親屬的兒女，都被洞裡的蛇吃掉了，我們一想起來就傷心。請你告訴我，有沒有辦法除掉這條毒蛇？」

螃蟹聽了，心裡暗自想著：「白鷺可是我們這一族類的天敵啊，我要想一個辦法，好讓白鷺們全都死掉。」於是就說：「如果是這樣的話，你就把一塊塊的魚肉從埃及猿的窩門口一路丟到蛇的洞口。這樣，那埃及猿就可以沿著魚肉過去，把蛇

吃掉了。」

白鷺滿心歡喜，真的按照螃蟹教的辦法做了。那隻埃及猿果然沿著魚塊跟蹤而來，把黑蛇吃掉了。但緊接著，埃及猿又爬上樹去，順便把正在搭窩的白鷺，也一隻隻吃掉了。

有句話叫「與虎謀皮」，這種向兇惡的人求施捨、向恃強的人求憐憫的行徑，註定無法得償所願，一不小心還會遭殃。

許多人都知道這個道理，然而，在日常生活中，卻總是表現得像故事中的白鷺這樣，向與自己有利害關係的螃蟹討教救命的方法，可比「與虎謀皮」聰明不到哪裡去。

螃蟹恨不得自己的天敵白鷺統統消失，又怎麼會同情白鷺的遭遇、指點一條活命的道路呢？對螃蟹來說，這樣的借刀殺人並不算什麼，白鷺要活下去，螃蟹也要活下去啊！

在我們的生活週遭，尤其是牽扯到利益關係的工作上，總會有各式各樣的人圍繞著自己：對我們好與關心我們的人、點頭之交的普通人、與自己有利害關係的人……等等。當我們遇到困難、需要建言的時候，該向誰請教，該請誰伸出援手，在在需要我們用智慧好好琢磨。

5.

小心判斷，才不會遭到背叛

情人的背叛已經很令人難堪的，
更讓人沮喪的是，他的共犯居然是你的好友，
教人怎麼能夠接受這樣的事實？

不動聲色，才會讓你更出色

不動聲色，才會讓你更出色！一個人若念念不忘自己的付出，言行中不時地要表揚自己，那再怎麼樣純粹的美意也會失去光澤。

現實社會中，到處都可以見到在職海中載沉載浮的上班族。這是因爲，大多數人都太自以爲是，忽略了人際應對必備的技巧，唯有明白了「做人單純，做事深沉」的道理，才會讓自己更快出人頭地。

層次愈高的人，愈要隱藏自己，並且懂得假借他人之手，爲自己創造名聲。

一般而言，社會上不信任虛榮和自誇的人，但是過於低估自己，表面上是謙虛，實際上卻是退卻，這樣也是不對的。

能幹的人是最謙虛，也是最懂得自求升遷，爲自己創立名聲的人；在適宜的時

機，利用適當的人，就有辦法以最快速且漂亮的方式博取功績。

美國總統雷根就像許多人一樣，都喜歡隨意地亂寫亂畫。有一天，他在白宮橢圓形辦公室的寫字檯上，信手撕下一張辦公用的文件紙，拿起一枝鉛筆，一口氣就畫了七幅素描。

第一幅素描是美國西部放牧人的代表「牛仔」，頭上戴著牛仔帽，領帶的打法也與住在城鎮的人不相同，第二幅則是「一匹馬」。

由於牛仔和馬是雷根從小最熟悉和喜愛的，加上他每年都會到加利福尼亞州聖巴拉山間的牧場騎馬兜風，或幫忙整理牧場、餵餵馬，所以這兩幅畫是七幅中最為生動的。

第三幅畫的是一位英國紳士，腦袋上的頭髮幾乎全部掉光了。紳士的右邊是中國古代的一位師爺，緊挨著師爺的是一位日本武士，武士下面是一位法國富翁，最底下是位法國幽默大師。最後，在整個畫面的右下側，雷根簽上自己的大名——「理查．雷根」。

從藝術角度來講，雷根的素描雖然算不上「佳作」，不過還有點美術基礎，筆調簡練、構思生動，幾乎每一個人像都充滿著幽默感，讓人發笑。

這幾幅即興素描完成後，雷根就派人送到一家拍賣行去標價出售。出乎意料的是，竟有一位收藏家肯出一萬美元的高價買下雷根總統的傑作。

雷根收到一萬美元後，立即通知美國傷殘人協會，表示願意將售畫之款捐獻給美國的傷殘人，於是，美國各大報章便以醒目的標題報導這一則新聞。聰明的雷根既不必從腰包中掏出一萬美元，又獲得了行善的名聲。

聰明人博取聲譽的方法，就是讓他的功勳「自行」表彰。就像雷根藉由「私下」捐款給傷殘協會的方式，替自己打廣告一樣，他知道必定會有有心人士將這樣的「善行」傳達出去。

大肆張揚只會得到反效果。例如，達摩祖師到中國傳法時，受到梁武帝熱情款待。席間，梁武帝問達摩祖師自己造寺佈僧有何功績之時，得到的答案竟是「毫無功績」，梁武帝因此氣得趕走了達摩祖師。

不動聲色，才會讓你更出色！一個人若念念不忘自己的付出，言行中不時地要表揚自己，那再怎麼樣純粹的美意也會失去光澤。只有短視近利的人，才會當著大衆的面不斷地矯飾，不斷地吹噓自己，要大家注意他做了些什麼，結果到頭來，他所獲得的只有淺薄、自命不凡的聲名。

在一個團體中，要巧妙引起別人注意自己的長處，只有讓自己的優點自行彰顯，才能爲自己博得好名聲和好機會。

感謝對你使壞的敵人

「恨意」帶來的動力，往往比「鼓勵」的力量還驚人。感謝你的敵人，因為他會讓你不斷成長。

一將功成萬骨枯！在血跡斑斑的歷史上，名留青史的功臣和戰場上的英雄，得來的功績和榮耀，都是犧牲許多生命換來的。而在現實的人生戰場上，促使許多人踏上成功之路的背後推手，往往是敵人或者是曾經最痛恨的一個人。

每個人都有好與壞的一面，世間沒有絕對的黑或白，就算是羅漢的前身也可能是惡霸，這正是世事的矛盾與玄妙之處。我們不能因爲一個人某部分的壞，而忽略了他好的那一面，否定他的成就；也不能只因爲一個人某個地方的好，對於不好的行爲就視而不見，多元的世界上沒有絕對的二分法。

前蘇聯領導人赫魯雪夫在一九六二年時，曾邀請了大批藝術家到列寧山上的賓館聚會，其中不乏知名的作家、畫家、雕塑家……等等。當赫魯雪夫大談藝術時，突然愈講愈大聲，情緒激動地拍著桌子破口大罵。

原來，赫魯雪夫最討厭的就是非現實主義的藝術，但現場又剛好有一位現代派的雕塑家，馬上成爲挨轟的對象。這位倒楣的雕塑家涅伊茲韋斯內在衆人面前，被赫魯雪夫大大羞辱了一番。

「你的藝術像什麼？」赫魯雪夫極盡所能地貶低說：「對！就像你鑽進了廁所的便桶，從那裡向上張望，恰好看見一個上廁所的人軀體的某一部分。這就是你的立場，你的藝術！」

涅伊茲韋斯內難堪到說不出話來，現場也一片尷尬。

赫魯雪夫說完這番話之後，又得意洋洋地對涅伊茲韋斯內的作品做了一些批評，最後這場宴會不歡而散。

一九七一年年赫魯雪夫過逝，他的兒子謝爾蓋前往涅伊茲韋斯內家中，神情看起來有些拘謹和猶豫。涅伊茲韋斯內見到他的樣子，馬上說：「我知道你爲什麼要到這兒來，我想先聽聽你的說法。」

「您已經猜到了，我是想請您爲我父親雕刻墓碑。」謝爾蓋說。

雕塑家遲疑了一陣子才回答說：「好吧，我同意。但我要按照我認爲合適的方法去做。」謝爾蓋接受了這個條件。

雕塑家接著說：「我個人認爲，藝術家不會比政治家壞，這就是我接受這項工作的原因。你自己有什麼看法嗎？爲什麼你認爲我會接受這項工作？」

謝爾蓋回答：「這是我父親的遺願。」

赫魯雪夫逝世一週年的那天，墓碑的揭幕式在新聖母公墓舉行了。在這片公墓中，赫魯雪夫的墓碑獨樹一幟，十分醒目，半塊黑色大理石和半塊白色大理石鑲成一個對比鮮明的框架，正中是墓主人的頭像。

涅伊茲韋斯內雕刻了墓碑以後說：「死者曾當衆侮辱我，使我在幾年之內心情鬱悶，但我還是決定爲他立碑，因爲他值得我這麼做。」

黑白相間的墓碑，一位功過分明的人物，無論是恨他還是愛他，蘇聯人民無法將赫魯雪夫遺忘，也不能全盤否定他的所作所爲。

對於涅伊茲韋斯內而言，赫魯雪夫帶給他的是羞辱，但是他的遺願不啻是對涅伊茲韋斯內的一種肯定。雖然涅伊茲韋斯內對赫魯雪夫的行爲不一定原諒，但是他並不會因爲個人的偏見，而否定了赫魯雪夫對國家的貢獻。在黑白相間的墓碑中，表現了一個政治家的功與過，也表達了藝術家的人格與才華。

「恨意」帶來的動力，往往比「鼓勵」的力量還驚人。或許出發點並非正確，但是「良藥苦口」，刺激往往容易教人覺醒，只是要小心別讓「偏激」的心理毀了自己的成就。

感謝你的敵人，因爲他會讓你不斷成長，在他的身上必定有你可以學習或引以爲戒的特質。

狗眼看人低，容易錯失良機

生命中的貴人，不一定有「貴」氣。與人保持良好關係，盡好自己的職責才是最聰明的做法。

〈麻雀變鳳凰〉這部電影至今仍獲得許多人的喜愛，其中讓人印象深刻的一個情節，就是女主角茱莉亞羅勃茲治裝的過程。

當她一身妓女裝扮進入高級服飾店時，不僅被店員鄙視嘲諷，最後還被趕出店。後來經由飯店經理的幫助，她穿著高雅，再度回到同一間店，所面對的就是立即迎上前來熱情招待的店員。當女主角告訴店長，她錯失了一個賺錢的好機會時，無疑大快人心！

只要是人與人的交往，就會保持著某種相互牽連的關係。別輕慢了周遭任何一個人，也許他就是你這一生的貴人呢！

墨西哥史上第一位印地安總統胡亞雷斯，有一次到維拉克魯斯進行訪問。一到目的地，當地州長馬上將他迎進官邸，並安排一個最好的房間讓他休息。但是胡亞雷斯並不想住在這間高級房間裡，就私下和大臣奧坎特換了房間。

第二天早晨，當胡亞雷斯走進浴室時，發現裡面卻沒有水，便喚來一名女服務員。服務員臭著一張臉看著胡亞雷斯，不客氣地問：「你要什麼？」

「麻煩妳送點水來好嗎？」胡亞雷斯客氣地請求她。

「你若高興就慢慢等，要不然就自己去取水。哼！真是一個愛乾淨的印地安人啊！我總得先招待總統吧！」

胡亞雷斯什麼也沒說，就回到自己的房間。過了一會兒，他再次招呼女服務員打點水來。

女服務員依據口氣不好：「你難道沒聽到我得先伺候胡亞雷斯先生嗎？真是太不識相了，沒見過你這種不知好歹的印地安人。如果你真的很急，就自己動手嘛。

水龍頭就在那兒。」

胡亞雷斯沒有責怪女服務員，一個人默默走去打水梳洗一番。

到了午餐時間，這位女服務員穿上最好的衣服，緊張萬分地來到大廳，希望能見到共和國總統，並且能有榮幸爲他服務。

當州長領著胡亞雷斯進來的那一刻，女服務員突然驚叫起來。這時候，她才發現，原來那個被自己斥責的印地安人就是共和國總統，羞愧得無地自容，忍不住哭了起來。

當州長正覺得奇怪時，胡亞雷斯卻笑著走向女服務員，拉起她的手臂，溫和地對她說：「親愛的女士，妳不用擔心。沒什麼大不了的事！如果妳的工作是招呼大家，那就去做吧，因爲在這裡的每一個人都應當盡自己的本分。」

以外表的包裝來判斷一個人的貴賤與否，是最沒有意義，卻也是最常見的事情。其實，「表裡不一」的人比比皆是，外表光鮮亮麗有時只是爲了掩飾心虛，一味以貌取人，可能得受了種種折磨才換得眞象。就像女服務員一心一意想服侍的總統，原來竟是一個不起眼的印地安人。

試著反省一下，當我們與人第一次接觸時，是否曾在不自覺中以對方穿著的好壞來決定自己的態度？這樣的「短視」，常常會讓人錯失了一些好機會，可能是一個極具潛力客戶，或是一位即將爲你面試的大老闆。

生命中的貴人，不一定有「貴」氣。與人保持良好關係，盡好自己的職責才是最聰明的做法，「狗眼看人低」的態度只會趕走自己難得的機緣。

再多道義也擋不住小心眼的算計

男人的友情其實比女人還要女人。雖然男人表面上不承認，卻會在背地裡偷偷地嫉妒、悄悄地算計。

哲學家康德曾說：「舉凡愈卑鄙的人，愈會成為演員，往往佯裝對他人尊敬、友善、謙虛與無私的樣子。」

現實社會中，每個人的內心都有一些見不得人的慾望和心思，久而久之便人前道貌岸然，人後男盜女娼。

千萬要提醒自己，千萬別認爲外表看起來人模人樣、滿口仁義道德的人，就不會對你耍賤、耍詐！

若是姐妹搶了你的男朋友，大多數女人都會揭竿而起，誓言要討回正義；因此，女性的第三者常因爲這些罵名，而讓人產生深惡痛絕的印象，還經常被冠上「狐狸精」的封號。

但如果是兄弟把了朋友妻，大部分男人爲了維持面子，只得表面上強顏歡笑，其實暗地裡卻想狠狠的在背後捅他一刀。

話說東漢末年，大軍閥董卓憑著軍事優勢掌控朝政，美女貂蟬爲了讓董卓和呂布二人反目，不惜犧牲小我，同時與二人相好。

有一天，董卓與呂布在一起喝酒，董卓在三杯黃湯下肚之後，驕傲地向呂布炫耀：「告訴你，我前天終於和貂蟬幹了那檔事，你一定想像不到她的床上功夫有多好！嗯……比我那醜老婆不知道要好上多少倍呢！」

呂布聽了心裡很不是滋味，但又不能發作，只是點點頭，贊同地說：「其實，我昨天也和貂蟬幹了那件事。相信我，沒有人比我更能體會你的感受了，她的床上功夫確實比你老婆好多了！」

作家畢爾斯曾經如此寫道：「用謊話來誹謗人的殺傷力，遠遠不如用真話來誹謗人。」

因爲，用眞話做爲誹謗的材料，不僅會讓即便是清白的人難以反駁，更會讓想制止這種誹謗的人無計可施。也因此，許多別有居心的「賤人」，就經常利用這個人性盲點大耍「賤招」，堂而皇之地幹起壞事。

尤其是那些道貌岸然的「好人」，最習慣「見鬼說鬼話」，說一套，做一套。雖然他們表面上不承認，卻會在背地裡偷偷地嫉妒、悄悄地算計，看準時機後，就在別人背後狠狠地砍上一刀，讓他永世不得翻身。

天上掉下來的禮物，不一定能給你幸福

好事通常不會平白無故發生，多一點警覺，其實也是多一分保護，才能確保事情真的如你所想，結果真的如你所願。

法國名作家拉羅什富科說：「我們永遠不會像自己想的這麼幸福，也不會像自己想的這麼不幸。」

世事難料，所以塞翁失馬焉知非福，同樣的，遇到突如其來的好運也不必太高興，你又怎知不是厄運呢？

千萬要記住：你以為的好人，不一定就是好人；你以為的好事，也不一定就是好事。

一個男人開車載著女人兜風，離城三公里以後，男人向女人求歡，但被女人拒絕了，而且女人還獨自下車步行回家。

到了第二天晚上，男人再度邀女孩外出，在離城十公里時，他又向她求歡，但再次慘遭拒絕。

這晚，女孩同樣守身如玉，獨自下車步行回家。

到第三天，男人把車子開到離城二十公里時，再次鼓起勇氣向女孩求愛，皇天不負苦心人，這次女孩終於答應了。

經過一番纏綿之後，男人如願以償之餘，不禁好奇地問女孩，為什麼她終於願意點頭了呢？

女孩說：「我可以自己步行三公里甚至十公里回家，以免我心愛的人遭受淋病之害，但二十公里實在是太遠了……」

強求而來的東西，往往是禍不是福。

一個不喜歡你的人有一天突然看上你了，那可能只表示，他身邊實在沒有更好的人選了。一個從來不給你好臉色看的人有天突然頻頻對你微笑，那可能是因爲他手頭很緊，非得要向你借錢。一個終日虐待你的人有天突然請你吃飯，不用懷疑，那肯定是你最後一餐飯了！

要知道，並不是每根鐵杵都能磨成繡花針，相同的，也不是每個腦海中的美好想像都能成眞。

好事通常不會平白無故發生，天上掉下來的禮物，不一定能給你幸福。多一點警覺，其實也是多一分保護；多一分保護，才能避免自己蒙受慘痛的損失。

小心見色忘友的朋友

男人不屑和一個相差自己太多的人做朋友，但又不自覺地認為自己比旁邊的人勝出許多。

如果你問男人：什麼才是眞正的朋友？

他們當中一定會有人告訴你：可以放心地把自己的女人交到對方手上的，就是眞正的朋友。

但是，這只是一廂情願的想法，事後的情況往往讓他們大失所望，因爲這個世界上，見色忘友的「小人」實在太多了。

十字軍東征的年代，某位英勇的騎士，在臨上戰場之際，特地用貞操帶將他的

未婚妻鎖住，並且將鑰匙交給了他最好的朋友，然後鄭重地吩咐道：「如果我在三年之內還沒有回來，就代表我已經陣亡了，你就替我把鎖解開，讓她去嫁個好男人吧！」

這位英勇的騎士忍痛說完這一席話之後，立刻瀟灑地把頭一回，跨上馬背，驅馬上陣。

沒想到，行至中途，身後突然傳來一陣馬蹄聲，他以爲遇到了回教徒襲擊，回頭一看，原來是他的那位好友騎馬來追趕他。只見好友心急如焚地對他說：「你給錯鑰匙了！」

即使是再愚蠢再醜陋的男人，談戀愛的時候，也會四處向人炫耀自己的成就，認爲自己比身邊所有的人還要優秀。

當好朋友愛上女朋友，除了驚訝之外，男人多少都還會有些沾沾自喜，因爲畢竟那是「他的」女朋友，畢竟，她選擇的是他。

但是當好朋友搞上女朋友，男人們可就沒有那麼大方了。除了責怪朋友不顧兄弟道義之外，男人更會痛罵自己的女朋友沒有識人的眼光，連那種爛人也要？有沒有搞錯！

男人之間的友誼是很奇怪的。他們不屑和一個相差自己太多的人做朋友，但又不自覺地認爲自己比旁邊的人勝出許多。男人眞正要的，其實不是陪伴，而是襯托。

小心判斷，才不會遭到背叛

情人的背叛已經很令人難堪的，更讓人沮喪的是，他的共犯居然是你的好友，教人怎麼能夠接受這樣的事實？

斯賓諾莎曾說：「在人生的戰場上，被暗地算計的好人，往往是不懂得小人最有力的武器——卑鄙和奸詐。」

確實，人生的陷阱無所不在，面對揮之不去的小人，「學會做聰明人」就是一種保護自己的處世智慧。

日防夜防，好朋友最難防。因為，那些最親近你的人，往往也就是最有機會攻擊你的人。

我們必須相信人性崇高的一面，但也不可以否認它黑暗的那部分。

人們不容易被他們認為可惡的人欺騙，但卻很輕易地被他們敬愛的人所騙，因此，千萬別認為可親可愛的人，就不會對你耍奸耍詐喔！

阿珠和阿花是一對非常很好的朋友，有空的時候，經常聚在一起聊聊天，談談八卦。

一天，阿珠憂心忡忡地對阿花說：「我最近要當心一點了。」

「為什麼？」阿花好奇地問。

「我怕……要是不小心懷了孕，真不知道要怎麼辦？」阿珠小聲地說出了自己的心事。

「怕什麼！」阿花說，「妳老公不是前幾天才去做結紮手術嗎？妳還有什麼好怕的呢？」

「就是因為他結紮了，所以我才害怕啊……咦！奇怪！我記得我還沒有告訴妳，妳怎麼會知道我老公去做結紮手術呢？」阿珠越想越不對勁。

阿花回答道：「是妳老公自己告訴我的啊！他說他已經結紮了，叫我以後都不

需要再擔心了！」

天哪！情人的背叛已經很令人難堪的，更讓人沮喪的是，他的共犯居然是你的好友，教人怎麼能夠接受這樣的事實？

眞正的朋友，絕對不會做出對你不忠的事。會做出這種事情的，絕對不是你眞正的朋友。能夠傷害、出賣你的人，通常是和你很親密的人，不過，靜下心來想想，發生這種事情，你損失了兩個最親密的人，但也因此認清了兩個虛僞的人。既然如此，你又有什麼好忿忿不平的呢？

一場突如其來的悲劇，使你因禍得福看清了兩個人的眞面目。從今以後，你會睜大眼睛去選擇你的情人；從今以後，你也有足夠的能力判斷出誰才是你眞正的朋友。

好貨不便宜，便宜沒好貨

貪小便宜時眼睛可要放亮點，否則造成之後更大的損失，不僅丟了面子也失了裡子，那可就得不償失了。

一天，一位小姐招了輛計程車便跳了上去。誰知等到司機載她到指定地點後，卻把兩手一攤說：「我沒有錢，要怎麼樣都隨便你。」

這個司機爲人正直，並不想怎麼樣，便很爽快地說：「妳走吧！」等到那位小姐打開車門準備下車時，司機又問了她一句：「妳要不要看一下總共多少錢啊？」

「不就一百五十塊錢嗎？」小姐看著費率表回答。

司機點了點頭，語重心長地說：「嗯，沒錯。妳知道我爲什麼無條件就讓妳走

了嗎？因爲我媽媽告訴過我，便宜沒好貨！」

人人都喜歡貪小便宜，但是，想貪小便宜之時，眼睛可要放亮點，否則因爲貪圖一時便宜，反而造成之後更大的損失，不僅丟了面子也失了裡子，那可就得不償失了。

有一次，小明和幾位朋友結伴一起去大陸旅遊。

當他們到達一處海灘時，看到當地風景優美、氣候宜人，因此每個人都想買條泳褲，感受一下徜徉水中的樂趣。

沒想到，這個海邊的物價驚人，泳褲的價錢高得離譜。就在他們一群人遺憾地望洋興嘆之時，附近來了一個小販，熱情地拿出一大堆花花綠綠的游泳短褲讓他們挑選，並且好心地強調說這些是「一次性」的游泳短褲，游完泳之後就算丟了也不可惜。

小明換算一下，發現每條泳褲只需新台幣十五塊錢，經過一陣討價還價後，最後更以十塊錢台幣成交。

小明立刻穿上新買的泳褲下水游泳。但游了幾十分鐘以後，小明忽然感到下半身變輕了，好像少了一點東西，伸手摸一摸泳褲，猛然發現整條泳褲早已不翼而飛，只剩下一根鬆緊帶綁在腰部。

小明驚慌地低頭研究了一下，又看見他的胯部尚殘留著一些紙糊，這時，他才明白剛才小販所說的「一次性」泳褲，原來是紙做的。

百般無奈之下，他只好趕緊叫沒下水的同伴們拿了一塊遮羞布過來，才終於得以順利上岸。

法國作家拉布呂耶爾曾說：「確信自己很聰明的人，往往就是缺少智慧，或者根本沒有智慧的人。」

沒有智慧的人最愛貪圖眼前的便宜，也最容易被「好人」製造的表象迷惑，最後因為一時的貪念而吃虧上當。

貪小便宜是人的天性，並不是什麼大問題，但是「便宜沒好貨」卻是你不可不知的定律。

每樣商品都有它一定的價值，若是你覺得它的價格太高，你可以認爲它不值得，但不能輕易就否定它的價值。畢竟，花不花那個錢，決定權在你；但是值不值那個錢，這就見仁見智了。

價格便宜的東西未必不好，但是既然它的價錢那麼便宜，你也就不應該對它有過高的期待。

6.

別人的建議，有時只是想害你

在這個爾虞我詐的年代中，千萬要記住，
把我們害得最慘的，不見得是表面上奸詐的人，
反而是那些看起來貌似忠厚的「老實人」。

你以為的好人，不一定就是好人

好運當然會降臨，但通常會一閃即逝，不可能天天重演。遇到出乎意料的好運時，請小心這只是用來掩飾厄運的陷阱。

英國詩人奧特韋曾經寫道：「對任何人都不可輕信，因為人的本性就是狡猾、虛偽和言行不一。」

人性最大的盲點就是習慣相信那些慈眉善目、熱心幫助自己的「好人」！正因爲如此，才會讓那些衣冠楚楚的「好人」有機會耍奸耍詐。

世間的小人無所不在，只不過有的小人是顯性的，有的小人是隱性的。

一般而言，隱性的小人遠比顯性的小人更難提防。這是因爲，遭遇顯性的小人，我們會事事謹慎小心，深怕自己被坑被騙，但是，隱性的小人卻常常犯下「無心之

過」，讓我們疏於提防之餘欲哭無淚。

不要太過相信自己的好運，因爲，當你深信不疑時，命運往往就會選在這個時候開你一個大玩笑。

一個男人到一家應召站指名要莉莉小姐服務。

莉莉覺得很奇怪，這名客人是個生面孔，以前從來沒有見過，怎麼會特別指名她來服務呢？

她心想，大概是因爲她在這行有點資歷，而且很敬業做出了口碑吧！

服務完以後，這位客人很大方地拿了一萬塊交到莉莉的手上。莉莉當場喜上眉梢，笑得合不攏嘴。若是平常，她可能連一半都賺不到！

莉莉高興地謝過恩客，說：「遇到像您這麼大方的客人眞好！下次一定要記得再來找我喔！」

男人整理好儀容，神情愉快地說：「明天我會再來，妳好好服務我，我會再給妳一萬塊。」

第二天，莉莉滿心期待地迎接一天的工作。看在那一萬塊的面子上，莉莉使出渾身解數，表現得特別賣力。

完事之後，男人果眞依照約定又給了她一萬塊錢，還對她說：「不錯，不錯，妳服務得很好，明天妳繼續服務我，我會再給妳一萬塊。」

莉莉開心極了，感謝上天，賜給自己這樣的好運，遇到了一個多金又大方的凱子，如果再這樣下去，說不定她還有機會飛上枝頭當鳳凰，嫁入豪門當個某某夫人呢！

第三天，這位客人又出現了，莉莉當然迫不及待地過去服務他。這次，她更是使盡了全力，連皮鞭和手銬都用上了。

事後，男人對她非常滿意，再度付了一萬塊錢給她。

這個客人眞是大方，莉莉下定決心要打探這個男人的身世背景，看看能不能和他攀上一點關係，至少也要把他變成長期客戶，於是她問說：「您眞是我遇過最好的客人，請問您是哪裡人啊？」

「喔，我從高雄上來的。」男人回答道。

「眞是太巧了！我也是高雄人，現在我娘還住在那裡呢！」莉莉高興得眉飛色舞，上天眞是眷顧她啊！不但讓她遇到了一個凱子，而且還是同鄉呢！

事情簡直順利得令人難以置信……

孰料，男人接著說：「我知道妳是高雄人啊，而且，我也認識妳娘，她知道我要上來台北，所以特別託我帶三萬塊來給妳……」

法國文豪雨果在他的著作《鐵面人》中，曾經這麼譏諷地寫道：「天底下最可憐的笨蛋，是那些從來不懷疑別人可能言行不一，而對別人所說的話一味地信以為真的人。」

人是最擅長偽裝的動物，現實生活中道貌岸然的小人很多，如果你不想老是受他們宰割，那麼就得放聰明一點，才不會老是受騙上當。

天下沒有白吃的午餐，意外的好運當然會降臨，但通常只是會一閃即逝，不可能天天重演。

當你遇到出乎意料的好運時，請小心這只是用來掩飾厄運的陷阱。

就像不新鮮的肉會被拿去紅燒，不純的果汁加的糖水特別多一樣，你嚐到的好味道有可能只是用來掩飾裡頭腐敗的氣味，沒有吃到最後一口，永遠都應該保持警戒。

在真正的好運來臨之前，別讓任何命運的玩笑阻撓你的道路。

別人的建議，有時只是想害你

在這個爾虞我詐的年代中，千萬要記住，把我們害得最慘的，不見得是表面上奸詐的人，反而是那些看起來貌似忠厚的「老實人」。

英國作家赫胥黎曾經寫道：「人生最大的悲哀，就是純真的想法，往往被醜陋的事實扼殺。」

確實如此，做人純眞善良，固然是一種可貴的美德，但是也最容易淪爲被人欺騙的豬頭。人要是不具備一些城府，不懂得判斷虛實，說好聽一點的是「單純天眞」，說難聽一點的就是「愚蠢無知」。

如果不想繼續讓自己成爲小人耍奸耍詐的對象，除了必須擁有純潔的秉性之外，更須具備深沉的心思，抱持著純眞的態度做人，用深沉的心思做事。

某甲獨自在亞馬遜叢林中冒險，突然之間，他發現自己被食人族重重包圍，眼看著前無退路，後有追兵，某甲於是無奈的對著天空大喊：「我死定了，上帝啊，救救我吧！」

話才剛說完，只見天空出現一道白光，接著，傳來一個聲音說：「你這話還說得太早！現在，你照著我的吩咐去做。聽著，你立刻彎腰撿起地上最大的石頭，然後用力往帶頭的酋長身上砸過去！」

某甲聽了，毫不猶豫地從地上撿起一顆最大的石頭，瞄準酋長，使出吃奶的力氣狠狠地砸了過去，正好不偏不倚砸中了酋長的腦袋，令酋長當場腦袋開花、應聲倒地。

周圍的族人們見狀，先是呆了幾秒鐘，接著全都轉向某甲，每個人臉上的表情都像極了一頭憤怒的獅子。

此時，天上又傳來一個聲音：「現在你才是眞的死定了……」

法國文豪巴爾札克曾經說：「虛偽的耶穌比撒旦更可怕。」

確實如此，一般人不容易被凶神惡煞欺騙，卻經常輕易地被那些看起來慈眉善目的有心人士坑騙。

人遭遇意外的時候，往往是最迷惘的時刻，或許你會想要聽聽別人的說法，或許你會尋求別人的意見，但是千萬別忘記了，最終的決定權，依然掌握在你自己的手上。

俗話說：「盡信書不如無書」，如果只是一味相信書本，那還不如靠自己憑空摸索出一番道理。同樣的，如果別人說什麼你就做什麼，完全失去了自己的主張、自己的判斷，那麼，還倒不如憑著自己的感覺闖一闖。

普布利留斯曾說：「在大難臨頭的日子，任何謠言，都會被人相信，尤其是從老實人口中所傳出的謠言，更令人深信不疑。」

在這個爾虞我詐的年代中，千萬要記住，把我們害得最慘的，不見得是表面上奸詐的人，反而是那些看起來貌似忠厚的「老實人」。因此，千萬不要以外貌來評斷一個人，在這個人心叵測的社會，即使是貌似忠厚老實的人，也難保不會在暗地裡幹壞事。

雖然很多時候，旁人的建議能夠一語點醒夢中人，但是我們的人生畢竟還是需要由我們自己來負責。因此，在照單全收之前，請先運用自己的腦袋過濾資訊，仔細分析這些建議是不是只是餿主意，不要因此而中了別人的詭計，也不要太低估了自己的能力。

別因金錢問題破壞情誼

「有借有還，再借不難」，只要雙方都謹記有借有還的原則，就不會因為金錢問題破壞兩人之間可貴的情誼。

莎士比亞曾說：「奸詐小人的眼淚，往往容易博得人們的同情。」人總是憐憫弱者，正因爲這項弱點，才會讓那些刻意裝可憐的小人有可乘之機。如果你不想讓小人的奸計得逞，那就不要太過純潔善良，以免被有心人當成予取予求的豬頭。

話說小王常常向朋友借錢，而且總是有借無還，令他的朋友十分頭痛，紛紛想盡辦法避開他這個人。

某天上午，小王在巷口巧遇他的舊識小吳，小吳在碰個正著的情況下，一時之間閃躲不及，只好尷尬地向小王打招呼。

負債累累的小王好不容易遇到朋友了，立刻抓住機會說：「老哥，我最近手頭好緊，不但房貸繳不出來，信用卡債也欠了一堆，我實在不知道在這個地球上我還可以向哪一個朋友借錢了……」

小吳聽到這裡，馬上打斷小王的話說：「我真高興聽到你這麼說，剛才我還以爲你要向我借錢呢！」

向別人借錢是很不好意思的事，但其實被人借錢的處境更加難堪。有過這種經驗的人都知道，別人向你開口借錢，是把你當朋友，所以基於朋友的立場，你不借他不僅會傷了對方的自尊心，還可能讓這段友情無疾而終；但若是狠下心來借錢給他，又怕會傷了自己的荷包，更怕他從此不會出現在你眼前，這意味著你損失了金錢，也少了一個朋友。在這種進退兩難的時刻，被借錢的人反而比向人借錢的人更加爲難。

話說回來，向別人借錢的人應該秉持一個原則，就是「有借有還，再借不難」，而借錢出去的人，也應該抱持一個信念，就是「這不是『借』，而是『給』」，既然當對方是朋友，那麼在自己的能力範圍內，多付出一點又有什麼關係呢？

況且，他若是把你當朋友，自然不會忘記你的恩情；他若是不把你當朋友，花點小錢去看清一個人，不也很值得嗎？

不論是向人借錢或是被人借錢都是一種令人尷尬的處境，但只要雙方都謹記有借有還的原則，就不會因爲金錢問題破壞兩人之間可貴的情誼。

心裡有鬼，就會想入非非

不要先入為主，也不要以偏概全，應該時時提醒自己把原本認為「事情就是這樣」的想法，改成「這只是我的看法」。

春秋時代的大政治家管仲曾說：「寧過於君子，而毋失於小人。」因爲，你冒犯到君子，他會感謝你的折磨；但即便你對小人再好，他逮到機會還是會反咬你一口。做人要做君子，不做小人，要懂得近君子、遠小人，更要懂得原諒那些自以爲是的「賤人」。

一名其貌不揚的女子跟和尚同船渡河時，和尚無意間看了女子一眼，這名女子立刻藉題發揮，大發脾氣地說：「不要臉的禿頭和尚，光天化日之下竟敢偷看良家

婦女！」

這個老實的和尚一聽，嚇得不知如何是好，只好趕緊把眼睛閉上，以行動證明自己的清白。

沒想到，女子見狀更加生氣了，直罵道：「好啊！你這個和尚！不單偷看我，還閉上眼睛胡思亂想！」

和尚聽了這番指控更加無奈，知道和這女人是有理也講不清的，索性把臉轉到另一邊去。豈知女子得理不饒人，像個潑婦似的雙手插腰，疾言厲色地說：「看吧！你覺得沒臉見我，正說明你心裡有鬼！」

女人越是長得讓人退避三舍，越會覺得男人很色，認爲每個男人都對自己有不良企圖。心裡有鬼就容易想入非非，遇到故事中那樣的「恐龍妹」，男人恐怕只有自認倒楣。

要冤枉別人很容易，但是受人冤枉的滋味卻很不好受。

既然知道這一點，我們行事做人都應該更加小心謹慎，不要先入爲主，也不要以偏概全，應該時時提醒自己把原本認爲「事情就是這樣」的想法，改成「這只是我的看法」。

抱著「與人爲善」的心態去對待所有人，我想這個世界在你眼中會變得美麗一點，然後這個世界也會因爲有你而變得更美麗！

三思而行才不會掉入陷阱

在接受別人的賞賜之前，請先想想自己何德何能；在別人對你示好的同時，請檢討對方看上的是你哪一點。

作家莫里亞克曾說：「口渴的人，是不會懷疑遇上的泉水。」人總是盲目地相信自己比別人走運，從沒想過某些出乎預料的好運道，其實是金光黨包藏禍心的「仙人跳」。

因此，熟諳此種人性弱點的人，往往就會利用這種心理，對你「頻送秋波」，讓你絲毫不懷疑他就是準備讓你上當受騙的那雙黑手。時代變了，吃虧不表示一定佔便宜，但是佔人便宜，你就一定會吃虧。

小明剛剛入伍，第一次放假，獨自一個人到公園裡頭閒晃，不曉得該如何度過這無所事事的一天。正當他感到百無聊賴的時候，一名身材傲人的美女走過來搭訕，兩人一見如故，隨即決定開個房間蓋棉被聊天。

事後，漂亮的美女在小明的內褲裡塞了五千塊。小明簡直不敢相信自己的「奇遇」，收假回營以後，立刻得意洋洋地大肆宣傳，知道的人無不對他的狗屎運欣羨不已。

這事很快傳到了連長的耳裡，小明立刻被叫到連長室問話。

第二天上午，連長獨自一個人悄悄來到公園裡。

果不其然，沒過多久，那名前凸後翹、長相誘人的美女出現了。她走過來向連長搭訕，兩人同樣聊得很投契，於是決定開個房間好好聊天。

事後，和小明所說的劇情一模一樣，漂亮美女意猶未盡地伸了懶腰，在連長的內褲裡塞了一疊鈔票，可是……算來算去卻只有兩千五，比小明所說的五千元足足少了一半。

連長感到自尊心受損，十分不悅地問：「昨天我們連上的小兵來，妳給他五千

塊，今天我堂堂一個連長御駕親征，妳竟然只給兩千五，是不是嫌我表現得不夠賣力……」

美女眨了一下她的電眼，用嗲得足以令人溶化的聲音說：「沒那回事啦，連長哥哥，你表現得眞的很好，差別只是……昨天他拍的是國際版，今天你拍的是國內版。」

不管置身任何場合，我們都不能過度相信自己的好運，而對別人不加以防範，淪爲「容易上鉤的魚」。

在這個「仙人跳」盛行的年代，千萬別太相信那些天外飛來的好事，否則到頭來恐怕會讓你有痛不欲生的感覺！

如果你太過天眞，不仔細摸清出現眼前的對象究竟是什麼貨色，就很容易遭到蒙騙，被對方塑造的假象牽著鼻子走。

天下沒有白吃的午餐。別人請你喝酒，很可能是那是一杯有毒的酒；別人送你禮物，很可能裡頭裝的是定時炸彈。

做人當然要當好人，但千萬不要當蠢人。在接受別人的賞賜之前，請先想想自己何德何能；在別人對你示好的同時，請檢討對方看上的是你哪一點。這麼做不是以小人之心度君子之腹，而是小心能駛萬年船，因爲，天上掉下來的，通常不是「禮物」，而是「鳥屎」。想佔便宜之前，先秤秤自己有幾兩重。

「好人」總是費盡心機佔人便宜

天下沒有白吃的午餐。當你佔人便宜時，你以為自己很聰明，其實別人正用不屑的眼光在看你。

法國文豪巴爾札克曾經說：「虛偽的耶穌比撒旦更可怕。」

確實如此，一般人不容易被凶神惡煞欺騙，卻經常輕易地被那些看起來慈眉善目的有心人士坑騙。

人性本來就很詐，越是看起來像「好人」的人越喜歡耍賤，越喜歡佔人便宜，如果你不想老是被坑騙，那麼就必須多留一些心眼，才不會讓那些賤人有機可乘。

小明去看望朋友阿強，但是阿強不在家，只有阿強的女朋友在。

小明趁機對阿強的女朋友說：「妳知道嗎？妳的嘴唇是我見過最美麗的，如果妳肯給我親一下，我就給妳一千塊！」

女人嘛！總是禁不起男人灌迷湯，難得有人這麼欣賞自己，又可以輕輕鬆鬆賺得一千塊，被親一下有什麼關係呢？於是，阿強的女朋友便闔上了雙眼，讓小明親吻。

一吻過後，小明依照約定放了一千塊在桌上。

豈知這還沒完，小明食髓知味，意猶未盡地對阿強的女朋友說：「妳的嘴唇實在太美麗了，我眞的很想再親妳一下喔。這樣吧，我再給妳一千塊，妳就滿足一下我這個願望吧！」

反正親都親過了，故作矜持又有什麼意思？爲了這得來容易的一千塊，阿強的女朋友再度閉上眼睛，讓小明熱情地給了她一個長吻。吻完以後，小明再度放了一千塊在桌上。

抬頭看看時鐘，小明隨即說自己趕時間，不能等到阿強回家，然後就匆匆忙忙地離開了。

小明才剛走沒多久，阿強就回來了。女朋友為了掩飾自己的心虛，劈頭就對男朋友說：「你的好朋友小明剛才來過。」

「是嗎？怎麼不等我回來呢？」阿強想了一下，問道：「那……他有沒有留下欠我的兩千塊？」

大多數人都不懂得「人性本來就很詐」的道理，往往以為和自己走得近的人就是朋友，以為對自己百般阿諛的人就是知己，身邊才會充斥那麼專門坑人騙人的「好人」。

這個故事裡最可憐的是誰？是阿強的女朋友嗎？她白白被親了兩口，卻不得不把自己犧牲色相賺得的兩千元全數繳出。

還是從頭到尾被蒙在鼓裡的阿強？他的好朋友佔了他女朋友的便宜，他的女朋友願意為金錢出賣色相，可是他卻一點都不知情。

或者，最可憐的人其實是小明。他明明有足夠的錢可以歸還阿強，卻不肯老老實實把錢繳出，還要費盡心機佔人便宜，用金錢來誘惑女人，你說，還有誰是比他更悲哀的呢？

現實社會中，像小明這樣的小人還眞不少，千萬不要模仿他們的行徑。記住，天下沒有白吃的午餐，當你佔人便宜時，你以為自己很聰明，殊不知別人正用不屑的眼光在看你。

要有坦然接納缺點的勇氣

熟諳人性的人，通常會想方設法投你所好，如果你不想讓那些「好人」有可乘之機，就必須勇於認清自己。

了解自己的缺點容易，但要接受自己的缺點，可就沒有這麼容易了。只要稍微有一點反省能力的人，都可以輕而易舉地知道自己的缺點，但是知道以後呢？知道後要能夠坦然接受自己的缺點，並且面對殘酷的現實，那可就需要許多勇氣和智慧了。

阿傑在一次車禍中不幸失去了兩隻耳朵，但卻因此得到一大筆保險賠償金。經過治療出院後，阿傑利用這筆保險金開了一家公司，生意越做越大，事業也蒸蒸日上。

可是，阿傑十分在意自己沒有耳朵的怪模樣，所以每當他在面試新人時，只要對方露出一點異樣的眼神，阿傑就會大發脾氣。

某一次，阿傑在一天之內連續面試了三個新人。

第一個應徵者是一名老實的書呆子，阿傑問完所有一般性的問題後，認爲這個人頗有潛力，便按照往例繼續問他：「你會不會覺得我的臉上有什麼地方跟別人不一樣？」

書呆子畢竟是書呆子，不疑有他，想也不想便老實地回答：「有啊，你沒有耳朵。」

這立刻引起阿傑強烈的反感，馬上將他掃地出門。

第二個前來面試的是一名反應機伶的年輕人，阿傑對他的表現也非常滿意，可是就在大夥兒閒聊時，年輕人忍不住開口問：「不好意思，我很好奇你的耳朵究竟是怎麼一回事？爲什麼那麼剛好兩邊都沒了呢？」

這句話直接命中阿傑要害，那名年輕人結果也不得善終。

等到第三個應徵者進門後，阿傑基於前兩次不愉快的經驗，乾脆直接問這名應徵者：「看看我的臉，你有沒有看到什麼不一樣的地方？」

這個人仔細端詳阿傑的臉，回答道：「我看到你有戴隱形眼鏡。」

阿傑對這個答案感到非常滿意，很欣慰這個沒有注意到他缺陷的人，便很高興對他說：「是啊，我戴了隱形眼鏡，但你是怎麼知道的呢？」

只聽那人低聲說：「你那個沒耳朵的模樣，能戴普通眼鏡嗎？」

格朗熱曾經這麼說：「我們明知諂媚是穿腸毒藥，但是，它的芬芳仍然使我們陶醉。」

「諂媚」確實是人性市場的終極武器，否則就不會有那麼多人明知沒有比「諂媚」更危險、更虛假，卻仍然樂暈暈地被諂媚的人牽著鼻子走。

熟諳人性的人，通常會想方設法投你所好，最後讓你被他出賣掉，還以為他是一個不可多得的「好人」。

如果你不想讓那些「好人」有可乘之機，就必須勇於認清自己。

世界上沒有十全十美的人，一個人有缺點，是無可厚非的事。但是，一個人不知道自己的缺點，是不夠聰明；一個人知道自己的缺點但不肯接受，是不夠勇敢。

人要接受自己的缺點，才能自在地和這些缺點共處。

人要接受自己的缺點，才能用寬廣的胸襟去看待別人的缺點。

人要接受自己的缺點，才能眞正喜歡自己、接納自己，不再靠那些阿諛諂媚的假話過日子。

聽不聽明不會左右你的人生

有人說：「性格決定命運」，「性格」指的不只是個性，還包含了品行。你究竟是不是個好人，這才是最重要的事！

愚蠢的人總是喜歡在別人面前自我表現，一言一行都把自己的愚蠢暴露在別人面前，因此，如果你想當個眞正有智慧的人，不僅要學習如何跟這些蠢蛋相處，還經常向這些傻瓜學習「智慧」。

因爲，傻瓜就是最好的鏡子！

資訊展時，某廠商展出了一個ＩＱ測試器，只要把頭放進機器中，機器就會測出一個人的ＩＱ有多高。

小明和小華興沖沖來到了機器前，看見有人把頭放入機器中，接著機器上面的螢幕顯示了「一七九」這個數字，表示這個人智商高達一七九。

小明覺得非常有趣，迫不及待地也將自己的頭伸入進去，沒想到過了不久，螢幕顯示：「你的智商為：一」，令小明看了非常沮喪，小華則在一旁笑得合不攏口。

輪到小華時，他認真地把頭放入機器中，經過很長一段時間，螢幕竟然顯示：「請勿拿石頭開玩笑」，氣得小華當場轉身離去。

他們兩人有了這次的經驗以後，決定回家去閉關苦讀。隔了一年之後，小明和小華再度來到資訊展的ＩＱ測試器前。而經過一年的研發，ＩＱ測試器已將原本的螢幕顯示系統改為語音程式。

小明先把頭放入機器內，幾秒鐘的工夫，機器便宣佈：「你的智商為十」，小明聽了真不知道該哭還是該笑。

接著，換小華把頭放入機器中，他的頭才放入沒多久，這台機器便疑惑地說：「咦，這顆石頭好面熟啊！」

這個世界上有四種人：聰明的好人、不聰明的好人、聰明的壞蛋，還有頭腦笨心眼又壞的渾蛋。你認爲你是哪一種人呢？

聰明與否，其實和人的成就沒有多大的關係。但是一個人的品格是否高潔，卻會影響到他這一生的前途。聰明的人也許學習能力比較強，做起事情來比較輕鬆。但是不聰明的人一樣可以勤能補拙，把事情做得和別人一樣好。

此外，不聰明的人在學習過程中摸索的時間比較長，將來還能成爲最佳的老師，傳授自己學習的經驗。

腦袋聰不聰明，並無法完全左右你的人生。有人說：「性格決定命運」。「性格」二字，指的不只是一個人的個性，還包含了他的品行，你究竟是不是一個好人，這才是最重要的事！

小心那些言不由衷的讚美

一些平常極少往來的人忽然造訪，或是一些平常不太聞問的人忽然熱切地表示好感，背後可能就暗藏著某些目的。

作家彌爾頓曾說：「人和天使都不善於識別偽善，因為，偽善是包裝精美的罪惡，有時候，連上帝也會上它的當。」

的確，僞善者經常會以「大好人」的面貌出現，經常會講一些讓你無法否認的眞理，然後，再暗地利用這些所謂的「眞理」，將你偷偷地出賣掉。

狡詐的人也經常因爲覬覦你所擁有的「乳酪」，而以「知己」的面貌出現，專說一些讓你暈頭轉向的阿諛之詞，然後，伺機搶走你的「乳酪」。

人都喜歡聽到讚賞的話，都喜歡受到肯定。但是，好聽的話必定要出自眞心、

發自內心，倘若不是這樣，那麼在過多的美言背後，包藏的常常不是衷心的讚美，而是另有居心。

棲息在一棵樹上的一隻烏鴉，嘴上叼著一片乳酪。乳酪吸引了一頭狐狸的眼睛和鼻子，牠對烏鴉說：「如果您唱歌能和您的站姿一樣美妙，那麼，您就是我所見所聞的最好歌手了。」

這隻狐狸很有學問，曾經從某處讀到過一則寓言，說讚美一隻嘴裡叼著乳酪的烏鴉的嗓音，將使牠扔掉乳酪而唱起歌來，於是依樣畫葫蘆。

但這種方法，只有古時候的笨烏鴉才會上當，對這隻樹上的烏鴉，卻什麼效果也沒發生。

烏鴉先仔細地把乳酪從牠的嘴裡移到爪子下，然後說：「有人說你狡猾，有人說你愚蠢，但是，你肯定還是近視眼吧。那些漂亮的鳴禽穿戴著鮮艷的帽子、多彩的外衣和發亮的飾帶，牠們都是注重外表的美麗生物。而我渾身穿黑，卻是獨一無二。」

說完，牠開始吸食著乳酪，沒掉下一點碎屑。

這頭狐狸並不像烏鴉說的那樣愚蠢，也沒有近視，不過卻很狡猾。牠停了一會兒之後說：「您講得對，我向您道歉。現在，我看得更準了，作爲所有鳥中最有智慧和最有內涵的鳥兒，我很樂意聽您談談自己的事！但是，現在我餓得一定要去覓食了。」

「請稍等，」烏鴉趕緊說：「來分享我的午餐吧。」

於是，牠把乳酪中最好的一份扔給了狡猾的狐狸，開始侃侃而談：「航船上沒有烏鴉窩就會遭到滅頂之災。很多船隻出現了，又消失了，但有烏鴉窩的船將永遠存在。我是飛行工程師、製圖師，而且最重要的是，我是以善於飛行而聞名的科學家、工程師、幾何學家……因爲我的飛行路線就是任意兩點之間最短的距離。」牠驕傲地結束了吹噓。

「對，『任何兩點之間』，這我非常相信。」狐狸說：「謝謝你給了我最好的乳酪，我原以爲你不會與人分享呢。」邊說邊跑進了樹林。

狐狸不餓了，卻把飢餓而悵惘的烏鴉留在了樹上。

單憑身分、地位或外貌就輕信別人是人性的重大弱點之一，如果不設法加以改正，往往會蒙受損失。

故事中的烏鴉未必眞的不夠聰明，換了是我們遇上了這樣的狐狸，恐怕也會以爲遇到了知音，說不定也迫不及待地要與牠分享自己的故事呢！

有句話說：「無事不登三寶殿」，一些平常極少往來的人忽然造訪，或是一些平常不太聞問的人忽然熱切地表示好感，背後可能就暗藏著某些目的。雖然未必總是如此，但我們總得用智慧仔細地評估過才好。

對於那些有求於我們的人所說的話、所做的事，對他們不由衷的讚美，我們可得特別留心才好。

面對壞人，你必須更聰明

正因為壞人很多，所以才越突顯出人性善良的可貴。
而當壞人變得越來越狡猾，
好人也應該讓自己變得越來越聰明！

做好人，也要做聰明人

懂得替人著想，這就是善良；去做你認為對的事，這就是聰明；誰說你不可以當好人，同時也做個聰明人？

你是個好人，還是聰明人呢？如果只能選擇其中的一項，你是寧願當好人，還是當聰明人？

在一般人的心目中，好人是吃虧的代表，聰明人卻是佔便宜的象徵。然而，在智者的眼裡，聰明人只能贏得一時，好人卻可以心安理得過一世。

話說一名律師在樓上和客戶開完會，回到地下室的停車場，發現他新買的ＢＭＷ前面被人撞凹了一個大洞，而且車身上還有不少刮傷。

律師憑著職業本能，立刻環視左右，只是看來看去，現場並沒有發現任何一部可疑車輛。

還好，他發現車子的雨刷下面壓著一張紙條，想必是那個肇事的人良心發現，負責任地留下連絡地址和電話吧！

律師感到稍微安心了一點，趕緊拾起紙條，想要立刻和肇事者連絡，沒想到，紙條上卻寫著：「抱歉，我沒長眼睛，倒車時不小心撞到你的車。當時，現場有幾名目擊者，當他們看到我在寫這張紙條時，紛紛對我點頭微笑，他們以為我是個敢作敢當且勇於負責的人，正在留自己的姓名和電話給你，可是……我並沒有！」

在國外，撞到別人的車留下自己的電話是再正常不過的事，然而，在我們的國家卻只有少之又少的人肯這麼做。

想想看，如果今天你看到你放在停車場的車，莫名其妙地被人撞壞了，你的心情會好嗎？這不是天上掉下來的無妄之災，而是人為惹出來的肇事禍端，後續的麻煩憑什麼要你自己去承擔？

不是我們沒有公德心，而是大部分的人都沒有公德心。肇事者往往會想，如果今天我擔起賠償的責任，要是哪一天我的車被不名人士撞到了，誰來賠給我？爲了怕吃虧，所以我們寧可讓人吃虧；爲了怕自己將來被坑，所以我們寧可現在就先去坑別人。

懂得替人著想，這就是善良；不要管別人怎麼做，只要去做你認爲對的事，這就是聰明；誰說你不可以當好人，同時也做個聰明人？

人情壓力能避就避

毫無理由的「招待」，背後總是隱藏著意圖，要謹慎面對這些問題，才不會讓對方利用人情關係將自己束縛住。

每個人都該擁有屬於自己的交際圈，但是許多人在享有社交活動的同時，也受到其中的困擾。

與人互動的時候，彼此間難免會留下一些人情問題。而有些人恰巧又喜歡把這中間的「人情債」掛在嘴邊，施以一點小恩，就希望能從對方那裡得到大惠，這也造成許多因爲人情壓力而身不由己的狀況。

受名聲所累的邀約，或者來自重量級人物的請託，都是難以拒絕的。想要疏遠這一切，與人交往就必須有方法。雖然拒絕這類事情，必定會增加彼此的距離，但這也是無法避免的。

對於不必要的關係，就應該讓它斷掉；不重要的來往，就要讓它淡化。

大文豪雨果投入創作一部作品時，簡直到了廢寢忘食的地步，恨不得一天可以當三天用，所有的時間都拿來寫作。

但是，由於社交圈的活動無法避免，迫使他常常不得不到外面去出席宴會，即使他一點也不感興趣。煩惱之餘，他想出一個讓衆人驚訝的絕妙辦法——把自己半邊的頭髮和鬍鬚統統理光。

這樣不協調的外表，讓他可以有不失禮貌的理由謝絕一切親友的約會，直到頭髮、鬍子長長爲止。當然，等到鬚髮長齊之後，這位大作家又將一部輝煌的巨著奉獻給人類了。

俄國作家托爾斯泰，因爲寫下長篇巨著《戰爭與和平》和《安娜·卡列尼娜》而聲名大噪，也因此飽受出名的困擾。不斷被跟蹤、接受採訪、參加宴會，更有簽

不完的名，陷入深深的苦惱之中。他也清楚地知道，一旦走入這種世俗生活，自己將會被他們捧上了天，而遺失寫作該有的心境。

爲了避開這種情況，他常常獨自一人走進社會，融入貧民區，訪問監獄、法庭、修道院等。他目擊了人民所受的苦難和當權者殘暴、專制的統治行爲，因此，他決定寫一部長篇小說《復活》，揭露和抨擊沙皇的種種罪行，爲生活在黑暗角落的弱勢族群發言。

爲了專心寫作，他將自己鎖在房間裡不想受到任何的干擾，於是交代傭人：「從今天起我『死』了，就在這房間裡。不過，別忘了給我飯吃。」

從此以後，只要有人要訪問托爾斯泰，傭人便會顯出十分悲痛的神情對他們說：「先生『死』了，『死』在誰也不知道的地方，這是先生的遺言。」

慢慢的，所有人都知道托爾斯泰神秘地「死」了，來訪者也因此絕跡。

直到一八九一年，《復活》完稿，托爾斯泰才「復活」。但爲了修改這部作品，在以後的數年裡，他又不得不「死」了幾次，直到一八九九年《復活》定稿後，托爾斯泰才眞正「復活」了。

雨果用機智而另類的拒絕方式擋掉所有的約會；托爾斯泰不怕任何忌諱，讓自己暫時從人間「蒸發」。不管是哪一種方法，都不得罪人且讓人接受。

在這個現實的世界，並不是所有的情理都能按照一定模式運行。因此對於不同的「人情」，也要有不同的解決、應對辦法。

對於他人的招待，若非必要，應該適當拒絕，以避免掉進人情陷阱，日後得萬般無奈地面對對方的追討。如果拒絕不了，例如同事常常請吃飯，也得找機會好好回請一次，別讓別人有「恩」於己。

不論是生活中、商場間和工作上，遇到的任何事都會有情理存在。毫無理由的「招待」，背後總是隱藏著意圖，要謹慎面對這些問題，才不會讓對方利用人情關係將自己束縛住。

猛拍馬屁，一定懷有目的

事實上，更應該小心那些笑裡藏刀、專拍自己馬屁的「好人」，因為他們才是會對你造成更大傷害的「小人」。

俄國作家克雷洛夫曾說：「關於阿諛拍馬的卑鄙和惡，不知道告誡過人們多少遍，然而沒有用處，拍馬屁的人總會在你的心裡找到空位。」

因此，當你遇到猛拍自己馬屁的人，就別太意外、太見怪，因爲，如果沒有得到你的「默許」，別人又怎能拍得到你的「馬屁」，進而在你疏於提防時對你造成傷害呢？

千萬要記住：猛拍馬屁，一定懷有不可告人的目的。

一名農夫駕車行駛在路上，不巧和一名律師的汽車相撞。

律師下車巡視災情後，高傲地遞了張自己的名片給農夫，臉上清楚寫著：「我是律師，擅長打官司，你是贏不了我的！」

農夫恭恭敬敬地收下律師的名片之後，趕緊從自己的後車廂中拿出一瓶威士忌，諂媚地對律師說：「大律師，車子壞了不要緊，幸好我們兩個都沒事，這眞是不幸中的大幸啊！我看你好像受了不小的驚嚇，喝一口酒吧！酒可以定定神的。」

律師於是便喝了一小口。

「咦？你的臉色還是很蒼白呢，剛才一定嚇到了吧！」農夫說：「再多喝幾口壓壓驚吧！」

律師在農夫勸說之下又喝了五、六口。後來，律師回過神來，想到該有的禮貌，也客氣地對農夫說：「不要光是我喝，你也喝幾口吧！」

「不，」農夫一臉堅決地說：「我不喝，我在等交通警察來。」

有個人總是和你作對，你該不該默默忍受？

有個人老愛找你的碴，你要如何才能還以顏色？諜對諜，耗費心力；硬碰硬，兩敗俱傷；只有以柔克剛，你才能全身而退。

看見一名彪型大漢走過來，一般人的反應都是戒愼恐懼，但是當一名纖纖女子笑臉迎人地靠近你時，誰又會想到她的心裡是否暗藏玄機呢？沒錯，這就是「以柔克剛」的妙用了。

很多時候，虛張聲勢、輸人不輸陣或許眞有增強自信的效果，但有更多時候，懂得放下身段、表現出柔軟的一面，反而更能攻其不備。

相對的，並不是目露兇光的才叫壞人，並不是雙手握拳的才會威脅到你，事實上，反而更應該小心那些笑裡藏刀、專拍自己馬屁的「好人」，因爲他們才是會對你造成更大傷害的「小人」。

何必在意別人的閒言閒語

不要在意別人無心犯下的錯誤，也不要理會他人的閒言閒語，當別人因為無知而出言得罪你時，更不要計較！

詩人白朗寧提醒我們：「能寬恕別人是一件好事，但如果能將別人的錯誤忘得一乾二淨，那就更好。」

雖然我們不需要用自己的熱臉去貼人家的冷屁股，但也不要吝惜給那些得罪你的人一個寬容諒解的笑容。

一名媽媽和正值青春期的女兒一同搭計程車出遊，當車子行經某個著名的風化區路段時，母女倆不約而同地看見一個個打扮妖艷的「阻街女郎」站在路邊「等生意」。

女兒忍不住好奇地問：「媽媽，那些女生站在路邊幹什麼？」

「她們站在路邊，是因為……因為……因為她們在等老公啊！」為了不讓女兒純潔的心靈受到污染，媽媽撒了一個善意的謊。

前面的計程車司機聽了，不屑地插嘴說：「笑死人了，沒有知識也要有常識！白癡都看得出來那些女人是妓女！」

媽媽眼著看自己的苦心被司機白白踐踏，自然感到非常生氣。

就在此時，女兒接著問：「媽媽，那些妓女會生小孩嗎？」

「當然會啊！」媽媽冷冷地說：「要不然誰來開計程車！」

不尊重別人，也就等於不尊重自己；嘲笑別人，最後受傷的還是自己。

地球是圓的，世界是相對的。你種下一個好的因，就會結一個好的果；若是你種下的是一個惡因，自然也不要期望得到什麼好報。

人們常常埋怨老天爺不公平，其實，老天爺哪裡會不公平？只是祂的評斷標準和世人有所出入罷了。

越是喜歡計較的人，越是得不到上天的眷顧，而那些不去計較的人，得到的反而最多。

因此，不要在意別人無心犯下的錯誤，也不要理會他人的閒言閒語，當別人因爲無知而出言得罪你時，更不要計較！

面對壞人，你必須更聰明

正因為壞人很多，所以才越突顯出人性善良的可貴。而當壞人變得越來越狡猾，好人也應該讓自己變得越來越聰明！

愛默生曾經寫道：「為何我們明知諂媚不是一個好東西，卻還是寧願接受。因為，這至少代表我們擁有被人奉承的價值。」

對任何人都不可輕信，因爲人的本性就是狡猾、虛僞和言行不一。

其實，許多事物所呈現的外貌，往往是充滿矛盾又破綻百出的，但是，一般人卻容易被表面現象欺騙。

這是因爲，我們都知道應該逃避諂媚者的巴結逢迎，但是卻又容易「見獵心喜」，才會讓自己經常栽在騙子的伎倆之中。

騙子通常熟諳這種人性的弱點，因此會唱做俱佳地讓你絲毫不懷疑，他就是準備讓你上當受騙的人。

這年頭，雪中送炭的人少，趁火打劫的人卻很多。詐騙成了最風行也最賺錢的行業之一，想知道我們都是怎麼被騙的嗎？

有一名流浪漢終日無所事事，只好到處騙吃騙喝。

一天，他見到一戶人家正在家門口辦喪事，便跑進靈堂大哭起來，哭得喪家的人個個面面相覷，努力回想他是死者哪門子的親戚朋友。

終於有個人忍不住開口問：「先生，請問您是哪位啊？」

流浪漢厚著臉皮說：「唉，就算我說了，你們也不知道，我和這位老先生是忘年之交，他對我來說，就像我的親生父親一樣，想不到才幾個月沒見，他就……就不幸去世了，結果你們也不通知我一聲。還好我今天偶然經過，看到他的照片才知道這件事。嗚……眞是的！我連祭品都還沒來得及買呢！唉，我還有什麼面目來見他老人家呢……」

這家人聽著聽著，無不感動萬分，便把他當成自家人一般，熱忱地招呼他吃喝一頓。

此事傳到了另外一名流浪漢的耳裡，知道了有這等騙吃騙喝的好事，便想依樣畫葫蘆，討些祭品來填飽五臟廟。

他同樣特地找到一戶正在辦喪事的人家，一進門便依樣畫葫蘆地嚎啕大哭，悲慟莫名地說：「嗚……我的老相好，你怎麼就這麼走了啊……」

話還沒說完，這個流浪漢就遭到一頓亂拳揮打，原來，這戶人家死的是一個年輕的媳婦。

想佔人便宜，小心偷雞不成蝕把米。凡事都必須付出代價，想要從事偷雞摸狗的勾當，就必須要付出雞飛狗跳的代價。

做壞事也要有做壞事的本事，先是要泯滅天良，其次是要洞悉人性，不怕別人不上當，只怕自己演得不夠像。

但儘管世道黑暗，我們還是不該對這個社會感到灰心。

正因爲社會上的壞人很多，所以才越突顯出人性善良的可貴。正因爲人人都有可能受騙，所以我們才更需要守望相助，一起合作打擊犯罪。

當壞人變得越來越狡猾時，好人就應該讓自己變得越來越聰明。當身邊做壞事的人越來越多時，我們就更應該懷著一份感激的心，感謝上天曾經讓我們遇見那些難能可貴的善心人；並且，同時也要期許自己，盡己所能，以同樣的善心，去幫助更多需要幫助的人。

保持樂觀心情，才能絕地逢生

悲劇只是人生的低潮，不是人生的絕境。只要你肯用樂觀的心情去面對，就可以絕地逢生！

簡單的人生，需要一些簡單的想法。

很多時候，事情並沒有你想像的那麼複雜，只不過因爲你想得太多，反而讓自己感受不到快樂。很多時候，人生也沒有你想像的那麼複雜，只不過因爲要得太多，反而讓你認不出自己。

人生需要的，其實只是簡單的念頭、眞實的自己，如此而已。

一個媽媽帶六歲的小女兒到百貨公司購物，百貨公司裡人潮洶湧，一不小心，小女孩就和媽媽失散了。只見小女孩六神無主，完全不知所措，乾脆就坐在地上大哭起來。

這時，一名好心的叔叔見狀，便問小女孩爲什麼哭，小女孩於是哽咽著向叔叔說明了事情的經過。好心的叔叔摸摸小女孩的臉頰，溫柔和藹地說：「不要哭，叔叔帶妳去廣播找媽媽好不好？」

女孩擦乾眼淚，便任由陌生叔叔牽著她走。

走著走著，那名叔叔居然把女孩帶到了一間男廁所，並且轉身把門鎖上，以極爲熟練的動作脫下褲子，露出猙獰的面孔，對著小女孩說：「小妹妹，妳應該知道要怎麼做吧！」

「嗯，我知道。」這個聰明的小女孩鎮定地回答，一點都沒有流露出驚慌失措的神情。

「那妳就快點開始啊！」叔叔不耐煩地威脅道。

小女孩於是聽話地走到叔叔面前，伸手緊握住那根凸出來的東西，把嘴巴湊上去，然後大聲叫道：「李月娥，李月娥，妳的女兒正在找妳，請妳趕快到一樓櫃台

……」

小女孩的叫聲引起男廁所一陣騷動，隨即這個「好心的叔叔」被其他人扭送到警察局。

人心險惡，到處都是披著羊皮的野狼，同樣的事情，發生在大人身上，人們可能會驚慌失措，甚至嚇得發抖，但是，發生在小女孩身上，卻可以有另一番不同的解讀，輕鬆地把悲劇化爲喜劇。

簡單的想法，伴隨而來的是自在的人生。

很多時候，人生需要的正是這一番「不同的解讀」。

在悲劇降臨以前，我們要有「兵來將擋，水來土淹」的警覺，不做任何杞人憂天的猜想；當悲劇眞的發生了，如果逃避不了，不妨轉念一想，悲劇又有什麼大不了的呢？

嘗試過苦的滋味，才能眞正體味到甜的可貴。悲劇只是人生的低潮，不是人生的絕境。只要你肯用樂觀的心情去面對，就可以絕地逢生！

好高騖遠，小心得不償失

不要被金字塔頂端的風景而迷失了方向。在你爬上自己想要的位置之前，千萬不要失去了你本來的位置。

切斯特菲爾德說：「知識有力量，但成就有光澤。少部份人能感受到知識的力量，但更多人只看到成就的光澤。」

成就與財富的光芒的確炫目，但若被這光芒迷昏了頭，忘記自己的本分，小心不但得不到財富與成就，反而連自己的飯碗都丟了。

一名富翁帶著他的愛犬出國旅遊，在一個小鎮上，他的愛犬突然失蹤了。富翁非常著急，問了好幾個人，好不容易找到當地的一家報社，要求刊登一個「尋犬啓

事」，並在啓事上說若是有人爲他尋獲愛犬，那個人將獲得一萬美元的酬勞。

富翁抱持著一顆焦慮的心情苦苦等候到晚上，卻還不見晚報出版。他焦急地跑到報社詢問，沒想到整間報社空無一人，只有一個守門的老頭在那裡。富翁疑惑地問他：「難道今天不出晚報了嗎？」

「是的，先生。」

「爲什麼呢？」

「因爲，所有的編輯都上街去找狗了。」

重賞之下，相信必有勇夫。然而，這個世界眞的需要這麼多「勇夫」嗎？如果人人都搶著當第一，那麼誰來替大家墊底呢？如果人人都爭著當「勇夫」，那缺少「百工」的社會，又要如何運轉呢？

當第一名有當第一名的好處，但是第二名、第十名、第三百零七名一樣有它的可貴之處。

人生的舞台上，不是每個人都有機會當紅花，但就算當不上紅花，你依然可以做一枚鮮嫩的綠葉。只要扮演好你的角色，同樣可以吸引衆人的目光。

不要被聚光燈的光芒蒙蔽了雙眼，也不要爲了眺望金字塔頂端的風景而迷失了自己的方向。

處在這個多元又多變的世界中，你當然可以努力去追尋你想要的位置，但要記住的重點是，在你爬上自己想要的位置之前，千萬不要失去了你本來的位置。

何必和「賤人」斤斤計較？

一個真正不凡的人不會介意別人看扁他，因為他知道，自己的優點並不會因此縮水，何必和「賤人」斤斤計較？

世界上沒有小人物，只要立大志，就是大人物；世界上沒有大問題，只要放寬心，就沒什麼大不了。

你在意的事情，別人不見得在意，只要心胸寬闊地去面對眼前的一切，自然不會和那些你不喜歡的「賤人」斤斤計較。

「賤人」不一定眞的賤，只是你不認同對方的價值觀念，斤斤計較的結果，只會讓你變得和對方一樣討人厭。

張博士在著名的兩性雜誌中擔任心理諮詢顧問。某日，他下班回家時，鄰居太太突然興奮地抓著他說：「昨天我家那個酒鬼又發酒瘋了，多虧你的雜誌幫了我一個大忙！」

張博士感到非常光榮，不禁嘴角上揚地問：「喔？是哪一期的哪一篇這麼有用，竟然治得了妳老公呢？」

鄰居太太疑惑地搖了搖頭，說：「我哪知道是哪一期啊！我隨手將你送的雜誌捲了起來，狠狠地打了他一頓，他就乖乖的不敢再鬧了！」

有兩位著名的學者同時出書，他們不約而同地將自己的傑作分送給親朋好友。只是，書一但送出去後，就隨便別人使用了。

其中，一名學者發現他嘔心瀝血、好不容易才完成的作品居然被朋友拿來墊桌腳時，氣得再也不和這個朋友來往。

但另外一名學者遇到相同情況時，卻笑著對朋友說：「哇！我從來不知道我的書有還這種妙用啊！看來，這本書除了內容豐富以外，連外型也都是爲你量身訂做的呢！」

看看以上的例子，換做是你，你選擇當哪一種人？

人其實可以很渺小，也可以很偉大。一個眞正不凡的人不會介意別人看扁他，因爲他知道，自己的優點並不會因此縮水，更何況「大人不計小人過」，何必與自己層次不同的「賤人」斤斤計較呢？

8.

危機，通常來自於僥倖的心理

看不見的危機才是最大的危機，
事情正順心如意的時候，
才是你真正該提高警覺的時候。

疏於提防，小心吃虧上當

我們的心裡都該有一點用來保護自己的心機，否則到最後吃虧上當的人，很可能還是我們自己。

單純的人固然最受歡迎，但也最容易被騙。如果你不想成為別人算計的對象，那麼，除了必須擁有好人的純眞之外，更須具備小人的深沉。

在心機深重的權謀者腦中，安排的計謀常是一步接一步，就如同下棋一般，在他走到最後的幾步棋之前，其他人根本難以預料他眞正的企圖。

因此，面對這種滿腹心機的人的時候，我們不能從他所說的話來評估他，甚至也不能從他一時的行為來衡量他，因為，這樣做的後果，往往都會得到錯誤的結論，做出錯誤的判斷。

中國春秋時代，鄭武公決心攻佔慢慢強大的胡國。

這個計劃他已經密謀了很久，爲了迷惑胡國，他還故意把女兒嫁給胡國國君，降低對方的心防。

有一日，鄭武公徵詢衆大臣的意見：「我們現在應該征討哪個國家？」

一位大臣回答：「最好的目標是胡國。」

這其實和鄭武公心裡所想的是一樣的，但是他卻表現出震怒的樣子，斥責說：「你居然提議我去攻打我們的兄弟之邦？」

這名大臣因爲這番話，莫名其妙被殺頭。

這名大臣是鄭武公最寵信的大臣之一，胡國國君聽到了這個消息，立刻就放鬆了對鄭國的戒心。

沒多久，鄭國軍隊趁虛而入，佔領了胡國。

鄭武公爲了隱瞞眞正的想法，而將自己寵信的大臣殺害，只因爲這名大臣將他心中眞正的企圖說了出來。

「口是心非」到這個程度，眞令人咋舌！

史上不乏像鄭武公這樣的權謀者，他們能爲了實現自己的計謀不擇手段，也能爲了掩飾自己的計劃殺人滅口；即使是到了現代，那些大奸大惡之徒仍然不時以「好人」的面貌出現，擅長嘴上說一套、心裡想的是另一套。

他們善於演戲，對人性也有相當的了解；這些人可能披上的是政客、醫生、律師、代表……等等乍看之下光鮮亮麗的外衣與職稱，讓我們疏於提防。

害人之心不可有，防人之心不可無。對於這樣的人，我們的心裡都該有一點用來保護自己的心機，不能過於單純、掉以輕心，應該用精明的眼光，以長久的觀察來衡量他們，而不是只聽他們的一句話、只看他們一個行動，便妄下定論，否則到最後吃虧的人，很可能還是我們自己。

危機，通常來自於僥倖的心理

看不見的危機才是最大的危機，事情正順心如意的時候，才是你真正該提高警覺的時候。

雖說「人逢喜事精神爽」，但若事情無往不利，人的警覺心自然而然也就跟著減低，認爲自己氣勢正旺，不會那麼倒楣。

僥倖的心理容易讓人樂極生悲，一切只怪當初忘了三思而後行！

阿傑看到同事志明這幾天總是悶悶不樂，於是上前關心地問：「發生了什麼事？你這幾天怪怪的！」

志明嘆了一口氣說：「唉，我女朋友懷孕了，正在生我的氣呢！」

「誰叫你不小心！多一分防範，就少一分意外。這麼大的人了，居然還不懂得採取保護措施！」

「誰說我沒有！」志明辯解道：「我明明就有用保險套啊！」

「用了保險套還中獎，那就只能怪你倒楣了！事到如今，你負起責任就是了，有什麼好煩惱的！」局外人畢竟是局外人，阿傑輕描淡寫地說。

「我不是不想負責任，只是……只是孩子根本就不是我的！」志明的語氣充滿了憤慨。

「你這是什麼話？」阿傑聽了，驚訝得目瞪口呆：「難道……你是在懷疑你的女朋友……」

志明搖了搖頭，百般無奈地說：「那天晚上，我帶她去公園幽會，親熱了一番之後，超級想要『那個』，可是她堅持一定要我戴套子才肯跟我做那檔事，我哪有準備啊？就在那個時候，我看見前面的草地上有一個用過的保險套，於是我就把它撿起來，翻過來戴上，沒想到……」

路邊的野花不要採，現成的便宜不能撿，要是沒有一點警覺心，下場就會讓自己萬分難堪。俗話說：「小心能駛萬年船」，便宜行事的結果，往往是意外翻船，連自己怎麼死的都不知道。

危機多半來自於僥倖心理，因此，事情越順利的時候，越是需要謹慎小心的時候。眞正會害死人的，往往不是路面上清晰可見的大石塊，而是埋伏在泥土下蔓生的野草荊棘。看不見的危機才是最大的危機，事情正順心如意的時候，才是你眞正該提高警覺的時候。

我們多麼希望可以交到一個肝膽相照、重情重義的知己，然而，事實往往是，你爲他兩肋插刀，而他爲了報答你，會像笑話中的小華，代替你去「照顧」你的「未亡人」。

在這種時候，他還會想到買個黑色的保險套，表達對你的哀悼之意，就已經難能可貴了。

朋友就是經常佔你便宜的傢伙

朋友就是那個好心陪你去相親，卻讓對方看上他的人。朋友就是會把你的糗事四處傳播，還交代別人不准告訴你的那個人。

活在這個鍵人橫行的社會裡，不論做什麼事都要多留一點心眼。千萬別天眞地以爲對你好的人，就一定是「好人」，也不要相信跟你稱兄道弟的人，就一定是可以掏心掏肺的「好朋友」，否則，當你被出賣、被陷害時候，就只能欲哭無淚了。

出海工作兩年的船員阿明終於衣錦還鄉了，回到家卻意外發現家裡多了一名三個月大的嬰兒！

阿明不敢相信自己的眼睛，對著老婆激動地吼叫道：「孩子的爸爸是誰？是不是住在隔壁的阿財！那個人面獸心的傢伙，我早就知道他對妳有意思。怪不得我當初交代他替我照顧妳的時候，他馬上一口答應，沒想到他……他居然替我照顧到床上去了！」

妻子無視於阿明的怒氣，只是搖了搖頭，冷靜地對丈夫說：「這孩子根本不是阿財的。」

「那到底是誰？是不是我國中的死黨小吳？」

「當然不是啦！」妻子沒好氣地說。

此時的阿明已經瀕臨崩潰的狀態，在腦海中飛快地過濾每個可能的名單，然後咬牙切齒地說：「我知道了，一定是小張！那個色胚子，他是不會放過任何一個女人的！虧我還一直把他當兄弟！」

「你有完沒完啊？」妻子終於忍不住打斷他的話，不耐煩地說：「什麼你的死黨、你的兄弟！難道我就沒有自己的朋友嗎？」

什麼是朋友？活在現代社會，該怎麼替朋友下定義呢？

朋友就是那個你到外地出差時自願替你照顧女朋友，最後卻請你來喝「他們」的喜酒的人。

朋友就是那個好心陪你去相親，卻讓對方看上他的人。

朋友就是女朋友來宿舍的時候，要求你露宿街頭的那個人。

朋友就是會把你的糗事四處傳播，還交代別人不准告訴你的那個人。

朋友就是缺錢時第一個想到你的人。

朋友就是那個即使佔了你的便宜，你也相信他絕對不是故意的人。

第一印象通常只是表面現象

不要被表面現象矇騙，對方到底是聖人還是賤人，到底是大智若愚還是大愚若智，不能憑第一印象就妄下定論。

很多人看起來很愚蠢，但相處久，我們才會知道他們只是普通蠢。

很多人看起來似乎很聰明，但日子久了，我們可能會發現，他們其實是不折不扣的大笨蛋。

只有沉得住氣的人，才有辦法等到水落石出的一刻。

某家神經病院人滿爲患，院長希望讓病情較輕微的病人先出院，便請醫生爲所有的病患進行一個簡單的測試。

醫生於是準備了一列玩具小火車，把十五名病患關在一個房間裡，告訴他們只要搭乘這列玩具小火車就能回家去。

其中十四名病人聽了這番話，都爭先恐後地坐上小火車，一個個興高采烈地在房裡繞圈圈，只有一名病人始終站在原地冷眼旁觀，絲毫不爲眼前的景象所動。

醫生看了很高興，正準備走過去誇讚他時，卻聽見他對著其他病人破口大罵：「瞧你們這些白癡，竟然連這種傻事都做得出來……」

醫生喜出望外地問：「原來你看得出來他們是在做傻事啊？」

「那還用說！」病人理直氣壯地回答：「我這個司機都還沒上車咧！這些笨蛋能把火車開到哪裡去啊？」

不要被一時的表面現象矇騙，不到最後一步，人們永遠無法確定事情的眞相究竟如何；同樣的，不去仔細觀察一個人，你也無法一口咬定他是怎麼樣的一個人。

對方到底是聖人還是賤人，到底是大智若愚還是大愚若智，不能憑第一印象就妄下定論。

第一印象通常只是表面現象，要徹底了解某一個人，或是某一樣事情，都是需要很多時間和耐心的。

因此，不要搶著當驟下結論的那個人，而要等著做發現事實的那個人；不要隨便評論不熟悉的人，同時也不必太在意別人對你的評論。

逞強通常沒有好下場

人如果太好強，往往會成為別人的笑柄；人如果太逞強，往往會抹煞掉自己的應得的快樂。

伊索曾經道：「如果你想突顯自己的重要性，那麼就必須在朋友最需要幫助的時候，才伸出援手。」

的確，適時的「雪中送炭」絕對要比「錦上添花」更能獲得別人的感激，因此，熟諳權謀的人，就經常會選在別人已經走投無路的時候才出手援助，爲自己贏得「好人」的聲名。

兩隻麻雀一同在大樹上乘涼，其中體型較大的麻雀吹噓地對小麻雀說：「你不知道，我可厲害了！不管什麼高難度的動作我都可以做得出來，像是俯衝啊、盤旋呀，什麼動作難得到我呀？」

小麻雀聽得半信半疑，可是卻又欲辯無言。正巧此時有一名扛著肉塊的屠夫經過樹下，小麻雀於是對大麻雀說：「既然你那麼厲害，你有本事飛下去把屠夫手裡的那塊肉弄上來嗎？」

「這有什麼問題？」

大麻雀不以爲意地笑了笑，隨即一個俯衝，飛到屠夫身旁叼了一塊肉，轉眼間就要往樹上飛去。誰知說時遲那時快，屠夫以迅雷不及掩耳的速度，伸手輕輕一捏，就把大麻雀抓了個正著。

屠夫生平最恨偷雞摸狗這些小人行爲，便氣憤地把大麻雀的羽毛一根一根拔起，打算好好地嚴懲這個不知好歹的竊賊。

大麻雀別無他法，只有高聲呼救。

小麻雀身爲始作俑者，豈有見死不救的道理，於是憑恃自己體型小，動作快，旋即飛撲下去，衝著屠夫的手狠狠地啄了一口，屠夫肉一疼，手一鬆，便把大麻雀

放了。

大麻雀趁著這個機會，拚了老命地飛上樹梢來。小麻雀看到危機解除，沒好氣地教訓同伴說：「你看看，這就是你吹牛的下場，要不是我出手救你，恐怕你早活不成了！」

想不到大麻雀聽了，非但沒有一點後悔之意，反倒還大言不慚地說：「誰要你多管閒事來救我呀！你沒看到我脫光了衣服正準備跟他幹嗎？」

人如果太好強，往往會成為別人的笑柄；人如果太逞強，往往會自討苦吃。好與不好不是自己說的，要別人看見的才算數。人若是可以把得失心暫時擱在一邊，通常都能成就出許多更偉大的事情。

逞強通常沒有好下場，該謙虛的時候謙虛，該低頭的時候就要低頭。人生的立足點，無非是高與低之間的平衡。

許多人雖然都明白這個簡單的道理，但是，卻難以戰勝自己弱點，往往控制不住愛吹牛的壞毛病，因而總是幹出故事中大麻雀那樣的蠢事。這時，便是有心人見機行事的大好機會。

波普曾經說過：「最聰明的小人，是做一些別人的喜歡的事，但都不表明那是自己做的。」

因為，如此一來，才能讓自己博得「不居功」的美名，又能獲得別人的尊敬，這也難怪為何那麼多小人喜歡「賤」機幫人了。

誤會總是讓人防不勝防

人與人之間有無限的可塑性。一場誤會也許會撕裂彼此的情誼，但也有可能會因此而加深你我之間的緣分。

誤會總是隨時隨地發生在我們生活的週遭。小則使雙方聯絡不上，大則使兩人反目成仇；有時鬧出了笑話一則，有時則阻礙了一段美好姻緣。

戴爾．卡耐基提醒我們，減少誤會的方法是多從別人的角度想想，能夠和對方的心思順利溝通，就不會產生無謂的誤會。

一名外國友人來台灣旅行，正巧碰上一年一度的端午節，台灣人本著好客的精神，帶著外國朋友到郊外去看競賽，度過了熱鬧有趣的一天。

離別之時，台灣人送了一串大肉粽給外國友人帶回去吃，一星期之後，對方來函感謝台灣人熱情的招待，並在信上說：「你送的肉粽很好吃，可惜的是生菜硬了一點！」

另一個笑話是，電話響起，七歲大的小明前去接聽，接起電話以後，很有禮貌地回答對方說：「我們家沒有這個人。」

掛上電話以後，小明皺著眉頭告訴爸爸：「這個人好奇怪，他說他要找阿里巴巴耶！」

沒隔兩分鐘，電話再度響起，小明接起電話，一臉納悶地對爸爸說，還是那個要找阿里巴巴的人。

爸爸覺得不太對勁，於是接過來聽聽看。原來，是電器行的老闆打來的，他說的是：「啊你爸爸在不在？」

我們都認爲自己的表達方式沒問題，對方沒那麼白癡，「應該」理解自己的意思，因此經常把話說七零八落，讓對方不知所措。相對的，我們也習慣從自己的角

度解讀別人，造成雞同鴨講的情況。

誤會的發生令人防不勝防，但人與人相處不就經常如此嗎？

通常越在乎的人，你越容易對他產生誤會；越在乎的人，你越是不容易向他解釋清楚；越在乎的人，你反而對他越不客氣；越在乎的人，你反而越會裝做不在乎。

人與人之間有無限的可塑性。一場誤會也許會撕裂彼此的情誼，但也有可能會因此而加深你我之間的緣分。

9.

沒有妄想，就不會上當

高明的騙徒，就像高明的編導一樣，
知道人心的需要、渴望與弱點。
看完一場戲，你可能很滿足，
但是被騙了一場，你可會哭笑不得！

沒有妄想，就不會上當

高明的騙徒，就像高明的編導一樣，知道人心的需要、渴望與弱點。看完一場戲，你可能很滿足，但是被騙了一場，你可會哭笑不得！

人生如戲，戲如人生，如果情感入了戲，你會爲著感人的劇情，熱淚盈眶，也會隨著動人的畫面，而雀躍。

劇情會「騙人」，看戲的時候，當然你也知道劇情是假的，只是擬眞，因爲你清楚知道那不過是戲而已。可是，要是一個騙徒在你面前演戲，你能不被導入劇情，墜入騙局的陷阱嗎？

恐怕未必！尤其是在一個有心要騙你，而又高明的騙徒面前。

有位道士來到京城，自稱所煉的丹藥可以讓人青春永駐，返老還童，而他也是一副鶴髮童顏的模樣，號稱已經有三百多歲。有這麼神奇的藥，當然是門庭若市，吸引了遠遠近近、不分貴賤的人，想要來購買。

有一天，這個道士家中來了一群朝廷大臣，正在喝茶聊天的時候，門房進來報告說：「你兒子剛從鄉下回來，想要求見。」這時，道士卻大聲斥責門房沒禮貌，怎麼可以打斷貴客們的談話。

客人們打圓場說：「既然令郎從遠地回來，讓我們見見面也無所謂。」

道士皺著眉頭好一會兒，才說：「叫他進來！」

沒多久，只見一位彎腰駝背、白髮蒼蒼的老人走了進來，向道士請安。請完安後，道士要他馬上回房。

接著，道士以緩慢的語調嘆息地說：「我的兒子又笨又固執，不肯吃我的丹藥，才會變成這副模樣。你們看，一百歲不到，就成了這副德性，真是丟盡我的臉，所以只好把他送回鄉下去住！」

一百歲的兒子！客人聽了，耳朵、眼睛、嘴巴當然是一起肅然起敬，直說真是太神奇了！經過這一場漂亮、成功的演出，道士的仙丹當然是更有名，也賣得更好了！當然，大家遲早都會知道，那糟老頭其實是道士的父親，而不是他兒子！不過，銀兩早已經被他騙過手了！

高明的騙徒，就像高明的編導一樣，知道人心的需要、渴望與弱點；知道哪裡要引人入勝，哪裡要吊人胃口，哪裡要製造高潮，哪裡要補強，哪裡要轉折，哪裡要準備收尾，哪裡要收網走人。

看完一場戲，你可能很滿足，但是被騙了一場，你可會哭笑不得！

不要說你不迷信，要是你的腦袋被迷惑了，渴望被看穿了，難免會有姑且一試的心理，被騙徒牽著鼻子著走。

迷信就像學識一樣有高低層次，在人視野不及的地方、經驗不及的地方，又能引人遐思、勾起渴望的地方，正是騙徒馳騁的最好空間，除非你眞的不貪心，沒有非分的妄想！

搞怪要用鬼怪來治

日常生活中，遭遇蠻橫、頑固、不可理喻的人，有時不妨學習王陽明，靈活運用類似的手法嚇唬對方一番。

家家有本難唸的經，人在成長過程中，難免會遭遇困逆與憂患，嚴重一點的更可能變成一種陰霾與折磨。

有的人因此命苦一生，難以脫逃，但是那些不甘被命運擺佈的人，必然會想盡辦法，去割除這種說大不大、說小不小，卻嚴重干擾生活品質與情緒的心腹隱痛、精神折磨。

王陽明的母親早死，繼母待他並不友善，打罵、虐待如影隨形，還好有父親在，繼母終究不敢太過分。

十三歲時，父親將被調到北京去任官，王陽明心想，這下子慘了，父親不在身邊，以後可能更沒好日子過。

聰明不凡的王陽明，當然不是省油的燈，也不可能坐以待斃，認為得想想辦法，擺脫這種煎熬。由於繼母相當迷信，拜神佛拜得很勤，王陽明就想搬神弄鬼來嚇嚇他的繼母。

首先，他在半夜裡，偷偷的將五個祭拜用的盤子，放在繼母臥室的門前，想用不吉祥的東西，來嚇嚇他的繼母。可是，一連多天，繼母雖然氣憤、恐懼，卻仍然虐他如常。

王陽明心想這招沒用，於是又再構想更鬼怪的點子。

一次偶然的機會，他在郊外遇到了一位獵人，獵人手中剛好有一隻形狀怪異的小鳥，他便將牠買了下來。

回家後，他偷偷地將怪鳥放入繼母的衣服中，當繼母整理衣物時，怪鳥就從衣袖中飛出，嚇得繼母說不出話來。

對於最近發生的一些「異象」，繼母心裡確是毛毛的，於是便請來神婆，想問個明白。

聰明的王陽明早就賄賂了神婆，神婆假裝神靈附身，以氣憤的口吻向他的繼母告誡：「王狀元的前妻對於妳虐待她的兒子相當不滿，把妳告到了天庭，天庭決定派遣神兵來收回妳的靈魂。妳袖中的怪鳥，其實就是天庭所派的神兵。」

說完，巫婆又假裝激動地昏倒。

這下子，眞的是把王陽明的繼母嚇壞了。

從此，繼母再也不敢虐待他了。

英國作家麥特．海格曾經寫道：「一個高明的騙子，最擅長的就是用你親眼所見的『事實』」來讓你上當。」

因爲，只要是人，都會對自己親眼所見、親耳所聞的「事實」深信不疑，因此，熟諳這種人性弱點的騙子，就會精心設計一些剛好被你撞見或聽見的「眞相」，讓你對此深信不疑。

日常生活中，遭遇蠻橫、頑固、不可理喻的人，有時不妨學習王陽明，靈活運用類似的手法嚇唬對方。

當然，想要嚇人，一定得找嚇得著人的東西。像迷信的人，就用所迷信的東西來嚇他。

要說服人，同樣也得讓人聽得懂，且要找更高明的理論來說服人，否則，教訓來教訓去，有如馬耳東風，只是徒然浪費口舌罷了。

提防「心靈導師」的騙術

我們生存的醜陋社會裡，有太多宣稱自己會隔空抓藥的江湖郎中，而且往往以所謂「心靈導師」的面貌出現，針對你的心理弱點施行騙術。

法國作家拉布呂耶爾曾經寫道：「如果一個人在別人眼裡，不顯得過於聰明，他就已經相當狡猾了。」

的確，沒有比貌似正直，實則奸詐的人更爲危險了，因爲，這些人在你眼裡，雖然看起來忠厚老實，但實際上，暗地裡卻經常幹出一些讓你始料未及的卑鄙奸詐勾當。

人是最擅長弄虛作假的動物，現實生活中，專門坑人騙人的假好人也不在少數。面對花招百出的騙術詐術，你必須放聰明一點，才不會老是做出受騙上當又讓人恥笑的蠢事。

古時候，金陵城內來了一個賣藥郎中，自稱擁有通天的法術，能夠祈求神明賜降靈藥，治癒疑難雜症。

他用車子載了一尊觀音大士的神像，裝模作樣替人把脈看病以後，便拿出一包藥粉，順著觀音大士的手掌心洩下，奇妙的是，觀音大士的手心總會殘留一些藥粉，他便小心翼翼地把這些藥物刷下，交給病人服用，每天可以賺進不少銀兩。

有一個游手好閒的少年，在一旁連續看了幾天，覺得這是賺錢的好方法，很想學得這項法術，因此有一天等到人潮散去之後，便客客氣氣地邀請這個賣藥郎中到酒店飲酒。

讓賣藥郎中百思不解的是，這個少年喝完酒後根本不付錢，拍拍屁股就大搖大擺地走出酒店，而且酒店的掌櫃、夥計好像都沒有看見他白吃白喝似的，並未出面阻攔。

就這樣一連喝了三次酒，賣藥郎中按捺不住心中的納悶，便好奇地詢問這位少

年是不是擁有什麼神奇的法術。

少年搔搔頭，說道：「哎呀，這只是一個小把戲罷了，如果你願意和我相互交流，我自然樂意教你。」

賣藥郎中點點頭，看看四周之後，小聲地說：「其實，我並沒有什麼法術，只不過觀音大士的手掌是用磁石做的，我在藥粉中摻一些鐵屑，藥粉從觀音大士的手心往下溜，不就會黏一些在手心嗎？」

少年聽完恍然大悟，稱讚說：「你的手法真是妙！」

賣藥郎中不想浪費時間，急忙接著說：「我已經把我的秘訣告訴你了，你趕快教我你的法術吧。」

少年笑著說：「和你比起來，我更沒有什麼法術可言，我只不過是先把酒錢付給掌櫃的，所以每次我大搖大擺走出酒店，他們當然不會過問。」

賣藥郎中聽了，哭笑不得：「那我豈不是上當了！」

這個故事的重點，並不是要告訴你，所謂「隔空抓藥」之類的江湖法術，其實往往都是針對我們的心理和視覺盲點，設計出的弄虛作假的騙術，一經點破就不值錢。

這個故事要告訴讀者的是，我們生存的醜陋社會裡，有太多宣稱自己會隔空抓藥的江湖郎中，而且往往以所謂「心靈導師」的面貌出現，針對你的心理弱點施行騙術。

面對這些道貌岸然的虛僞之人，臉皮必須放厚一點，不要顧慮他們對自己的看法，做事也不用偷偷摸摸，有時大可像故事中那個游手好閒的少年，開些無傷大雅的玩笑，然後挺起胸膛，過著開朗而悠閒的生活！

海倫凱勒曾在日記中寫道：「性格不可能在平靜中安逸形成，只有經歷過磨難和痛苦，靈魂才能變得堅強，眼光才會變得清晰，雄心才能得到激勵，成功才能有望企及。」

開朗的性格，必須靠自己的意志和努力才能產生。

有的人生性內向，而且有神經過敏的傾向，往往為了一點小事就整天煩惱個不停，想要克服這些缺點，就要加強自己的心理建設，學會讓自己做一個厚臉皮的人，

否則很難在社會上生存下去。

用意志力使自己改頭換面，唯有如此，才能適應現實而複雜的社會生活，堅強地生存下去。

把危機化為成功的階梯

英國首相邱吉爾說：「當危險來臨時，不要逃避，否則危險只會有增無減；若能毅然面對，危險便可減半。」

《菜根譚》裡有段話說：「都來眼前事，知足者仙境，不知足者凡境。總出世上因，善用者生機，不善用者殺機。」

危機通常也是轉機，能將危機變成轉機就可以成爲大人物。

譬如，日本戰國時代名將織田信長遭到今川義元的駿府大軍攻擊時，還只是一個統轄尾張八郡的小諸侯，別人都認爲外號「尾張大傻瓜」的他這回絕對死定了。沒想到，在關鍵時刻，他居然化危機爲轉機，僅帶了兩千名軍隊發動襲擊，瞬間就擊潰駿府四萬大軍，並且取下了今川義元的首級，一躍而成爲人盡皆知的大英雄。

宋太祖趙匡胤城府深沈，在應付危機方面也頗有一套。

五代末年藩鎮割據，有兩個將領嫉妒趙匡胤威名日益卓著，想趁著他羽翼未豐，在酒中下毒，將他除掉。但是，這個陰謀卻走漏風聲，有人事先向趙匡胤通風報信。當這兩個將領佯裝邀請趙匡胤赴宴之時，趙匡胤表現得若無其事，立即與他們同行，沒有露出絲毫破綻。

這兩個將領心中暗暗高興，認爲趙匡胤已經中計。不料，三個人行至途中，趙匡胤卻中邪似的，突然從馬背上跳下來，然後仰起頭朝著天空比手劃腳，而且不時點頭稱是，隨後裝出若有所思的樣子。

過了一會，趙匡胤跳上馬背撥轉馬頭，並朝向二人破口大罵道：「沒想到你們兩個是如此奸詐的小人！」

這兩個將領被趙匡胤的舉動搞得滿頭霧水，便詢問到底是何緣故，趙匡胤生氣地回答說：「哼，幸虧剛才上天告訴我，你們要在酒中下毒毒死我，我才知道你們的爲人。」

這兩個將領做賊心虛，內心驚恐不已，立即躍下馬恭敬肅立，連連說：「豈敢，豈敢！」

從此，他們就打消了加害趙匡胤之心。

謹慎分析自己接收到的各項訊息，究竟是正確的，還是唬人的；迅速研判對自己好的人，究竟是虛情假意的小人，還是值得交往的好人；唯有具備這種能力，才能像趙匡胤一樣冷靜面對危機，繼而運用心機，將危機變成轉機。

英國首相邱吉爾說：「當危險來臨時，不要逃避，否則危險只會有增無減；若能毅然面對，危險便可減半。」

在人生的航程上，處處是暗礁和險灘，時時都有不測的風雲，面對突如其來的危機，首先必須要求自己沈住氣，然後思考應變方法。

消極的脫困方法是不動聲色製造一些煙幕，迷惑對手的思考和判斷能力，然後迅速斷尾逃生。

積極的方法是快速找出對方的弱點，然後以迅雷不及掩耳的姿態，從對方意想不到之處，發動猛烈攻擊。

人生是由許許多多的大小危機連接而成，如果能夠坦然面對，在厄運之中仍然充滿必勝的信念，運用智慧加以扭轉，那麼，這些危機就會變成你不斷向上晉昇的階梯，讓你飛躍到人生的另一個境界。

小心別人的挑撥離間

在任何團體裡，人事與情緒、意氣的爭鬥很難避免，故意打爛仗，虛情假意一番以試探虛實，進而挑撥離間，都是常見的手法。

人心最是難測，尤其同在一個屋簷下，人際關係複雜，黨同伐異，難免彼此看不順眼。糟糕的是，如果距離權力核心較遠，關係又比不上別人，就會產生危機感。

有時候，明明知道有人對我們不懷好意，卻又不確定對方的葫蘆裡到底裝著什麼膏藥，處在這種處處挨打的不利處境之下，如何防暗箭、保平安，的確需要一些機巧。

東晉時期，大臣殷仲堪懷疑他的同事王緒，可能經常在當朝紅人王國寶面前說他的壞話。

由於王緒是王國寶的堂弟，這種「胳膊往內彎」的關係，讓殷仲堪非常憂慮，生怕中了王緒的暗箭，所以就跑去請教當時頗具聲望的前輩王東亭。

王東亭想了一想，對他說：「我看你沒事就多往王緒那邊跑，泡泡茶、聊聊天，談一些張家丟了一隻狗，李家遭小偷……等等無聊的瑣事。不過，重要的是，你進他家門時，一定要一個人進去，隨從左右在門口休息就好，儘量把氣氛弄得神秘些。這樣子過幾次之後，他們堂兄弟之間，必定會產生一些猜疑、嫌隙。」

殷仲堪聽了王東亭這番建議後，整個人馬上覺得輕鬆不少，於是便一副神秘兮兮地照辦起來。

過了一些時候，王國寶果然按捺不住，便把王緒找來，問他說：「殷仲堪那小子，最近常往你那兒跑，都談些什麼事呀？」

王緒的臉一陣青一陣白，有些無奈地回答說：「他呀，我真搞不懂，來談的都是一些什麼王大媽、李大嬸在河邊洗衣服撿到錢，再不然就是什麼哪家院子裡的龍眼甜不甜……等等無聊事，真是無聊透頂，我也無可奈何，真的是沒什麼事。」

王緒說得無奈又無辜，但王國寶卻不這麼想，直覺得兩人時常「單獨會面，神秘往來」，哪有這麼簡單？一定有什麼事瞞著他，基於防衛本能，就開始疏遠王緒，對他的話也打了折扣。

在糖裡多加些水，甜度必然降低；不明的東西掉進甜點裡，即使沒有全盤倒掉，也會小心翼翼地挑著吃。王東亭就是利用這樣的「離間計」，要殷仲堪瞎攪和，讓王國寶與王緒的關係產生稀釋作用，進而起了微妙變化，巧妙地替殷仲堪解了圍。

在任何團體裡，人事與情緒、意氣的爭鬥很難避免，有時候大家白眼翻黑眼，是是非非、分分合合，沒什麼大不了，但若涉及你死我活的權力較勁，那就不是鬧著玩。

故意打爛仗，虛情假意一番以試探虛實，進而挑撥離間，都是常見的手法。只不過，要是奸詐過頭，欠缺目的的正當性，就會變成你來我往的遊戲，沒完沒了，根本不會有什麼眞正的勝負。

軟硬兼施才能達成目的

一個人若想達到目的，就必須用軟硬兼施的手法，千萬不可半途而廢，也不要覺得不好意思，凡事只要放下身段，毫不客氣地貫徹始終，最後通常都能成功。

人想要名揚於世，就必須具備三項最基本的條件：一、不怕難為情，二、落落大方，三、有始有終。

日本商界名人鳥井信治就是其中的典範。

鳥井信治由一個小雜貨店的工友搖身變為大公司的老闆，主要就是因為他具備了上述的三項條件，行事作風和別人完全不同的緣故。

他的公司因為出產知名的「紅玉葡萄酒」賺了不少錢。但是，剛開始創業的時候，鳥井信治並沒有充裕的經費宣傳自己的產品，於是想出一個辦法——每當他聽到消防車的警笛聲時，就立刻派出一些身穿印有「紅玉葡萄酒」標誌的夥計，手裡拿著印有相同標誌的小燈籠，趕到火災現場。他們的行動比消防隊更迅速，使得火場四周處處可以見到「紅玉葡萄酒」的小燈籠，鳥井信治藉著這種方式達到宣傳目的，很快的，「紅玉葡萄酒」就打響了名號。

做人做事有時候必須懂得軟硬兼施，如此才可能突破困局，在不可能成功的地方或時機，獲得輝煌的戰績。

如果你還有疑慮，不妨看看司馬相如怎麼死皮賴臉軟硬兼施。

西漢著名的文學家司馬相如是一位風流才子，與卓文君之間的愛情故事，更是千古流傳。

司馬相如是四川成都人，有一次，朋友帶他到臨邛的財主卓王孫家中作客，恰巧遇見卓王孫守寡的女兒卓文君，兩個人一見鍾情，當場迸出愛的火花。

事後，卓文君不顧父親反對，漏夜與司馬相如私奔到成都，卓王孫知道後，氣得暴跳如雷。

司馬相如和卓文君兩人到了成都之後，日子過得很窘迫，不得不回到臨邛，硬著頭皮請求卓王孫撥款接濟。

守寡的女兒與人私奔，使得卓王孫顏面無光，氣憤難消，哪裡肯給錢給他們夫婦？司馬相如夫婦經過一番商量，便針對卓王孫愛面子的弱點，想出了一個借錢的「苦肉計」。他們兩人把身邊的車、馬、琴、劍和首飾變賣，然後故意在距卓府不遠的地方租屋，開了一家小酒舖，擺明了要讓卓王孫在眾人面前丟人現眼，硬逼他拿錢出來接濟。

果然，酒舖才剛開張，就吸引不少人前來親睹這兩個遠近聞名的才子佳人。只見司馬相如穿著夥計衣服擦桌椅、端酒菜，卓文君也身穿粗布衣裙，忙裡忙外地招呼客人。很快的，臨邛城裡的人都在議論這件事，不少人對司馬相如夫婦大表同情，譏諷卓王孫吝嗇刻薄。

卓王孫是一個十分講究門面的人，過不了幾天便受不了外面的閒言閒語，只得答應資助女兒和女婿。

卓王孫送給司馬相如和卓文君一百個奴僕、一百萬貫錢。司馬相如和卓文君夫婦得到了這些財物，謝過了卓王孫，隨即關了酒鋪回到成都，成了當地知名的富戶。

作家約翰·雷曾經這麼說過：「我的成功座右銘，就是人不可以不要臉，但臉皮一定要夠厚。」

一個人若想達到目的，就必須效法司馬相如和卓文君軟硬兼施的手法，千萬不可半途而廢，也不要覺得不好意思，凡事只要放下身段，毫不客氣地貫徹始終，最後通常都能成功。

或許，你會覺得司馬相如夫婦和烏井信治的行徑有點卑鄙，但這畢竟是他們面臨困境時處心積慮想出的方法，沒有所謂對與錯。

有些人往往把時間花在自己不應做的瑣碎事情上，對於應該積極去做的事反而光說不練，或者馬馬虎虎應付了事，行事總是本末倒置。這樣的人只是在浪費自己的生命。光說不練、馬馬虎虎永遠不會成功，下定決心後就必須付諸實行，既然要做就應當做得徹底，別怕丟人現眼。不論什麼事，只要能夠盡全力去做，自信和力量自然能夠隨之產出。

不情願做的事，就設法敷衍了事

不小心答應了自己極不情願去做的事，與其懊惱後悔，不如用「概念轉換」的方式敷衍了事。

古羅馬政治家馬基維利在《君王論》中說：「最能顯示出一個人智慧的是，能在各種危險之間做出權衡，並選擇最小的危險。」只有妥善運用機智應付週遭危機的人，才能持盈保泰，守住成功的果實。你可以不齒秦檜的爲人，但是，一定要學會他的機智和深謀遠慮。

南宋高宗的時候，奸相秦檜把持朝政，凡是從各地進貢到京城的奇珍異寶和稀罕物品，都要先送到秦府讓秦檜挑揀一番，然後才將剩下的送入皇宮。這件事，宋高宗一直被蒙在鼓裡，朝中知情的大臣不是秦檜的同黨，就是畏懼秦檜的權勢，誰也不敢直言。

有一天，秦檜的老婆王氏到宮中拜見了宋高宗的母親顯仁太后。顯仁太后對王氏抱怨說：「這些日子很少吃到新鮮的青魚，真想吃點青魚。」

王氏心想，這正是拍太后馬屁的大好機會，連忙說：「太后您想吃青魚，那還不簡單，我家裡有的是青魚，明天就差人給您送一百條來。」

顯仁太后聽了大吃一驚，心想皇宮裡沒有的東西，秦檜家裡怎可能有，連忙問道：「妳家裡真的有一百條青魚？」

王氏驕傲地回答說：「當然有，明天一定給您送一百條來。」

回到秦府之後，王氏得意洋洋地把這件事告訴秦檜。

秦檜聽了非但沒有露出高興的表情，反而生氣地責怪王氏只知拍馬屁，說話一點都不經大腦。

他對王氏說：「妳想想看，皇宮裡沒有的東西，我們家裡竟然有，這件事要是讓皇上知道了，一怪罪下來，不被殺頭才怪！」

王氏一聽不勝惶恐，緊張兮兮地問秦檜該如何是好。秦檜不愧是欺上瞞下的狡詐之徒，想了一會兒，便交代王氏說：「妳已經答應要進獻一百條青魚，如果食言的話，會惹太后生氣，但是如果獻上新鮮的青魚又會惹出禍端，不如就送她一百條爛魚吧！」

次日，王氏依照秦檜的交代，派人送了一百條快不能吃的青魚到宮裡。顯仁太后見到後，拍手笑著說：「哼，我以爲是什麼好魚呢？王氏這婆娘眞是沒見過世面的土包子，連這種爛魚也敢拿來獻寶！」

就像秦檜所說的，王氏已經答應要送顯仁太后一百條魚，如果食言就會惹太后生氣，一旦獻上好魚又會招來殺身之禍。秦檜最後向顯仁太后進獻了一百條爛魚，實際上是用「概念轉換」的辦法來保護自己。

秦檜雖然是一代奸相，因爲誣陷岳飛而留下萬世罵名，但是，他能在南宋初年權傾天下，一手遮天，並非僅僅靠著迎逢拍馬的諂媚功夫，更重要的是，他能看清自己潛在的危機。

世事多變化，沒人敢預料下一分鐘會發生什麼事，假如你平步青雲、春風得意的時候不懂得謹言慎行，不知道居安思危，那麼，你眼前的成功可能只是一場午夜春夢，轉瞬間就變成夢幻泡影。

假使你心直口快，或者經不起別人糾纏，不小心答應了自己極不情願去做的事，又不想當一個輕諾寡信的人，與其將時間浪費在懊惱後悔上，不如學學秦檜，用「概念轉換」的方式敷衍了事。

不守信用，又有什麼關係？

英國諷刺作家西蒙·伯特勒曾經說過：「誓言只不過是一番空話，而空話只不過是一陣風。」

人如果一味拘泥於小信，不知道「誠信」的眞正意義，就會做出類似尾生「抱橋而死」這般不知變通的傻事，只爲了不失信於人，遇到河水暴漲，竟然不知走避，還死抱著獨木橋不放，這樣的信用又有什麼價值呢？

我們不妨看看孔子對「誠信」的見解吧！

孔子率領弟子周遊列國，從陳國來到蒲地的時候，適值公叔氏發動叛變，孔子一行人的行動立即遭到控制。

孔子為了及早脫身，便派口才最好的子貢前去交涉，公叔氏對子貢說：「如果你們不去衛國，我就答應放行。」

孔子聽了，滿口承諾不去衛國，並與公叔氏訂立了誓約，於是，公叔氏便把孔子一行人送出東門。

豈料，孔子一走出東門後，馬上帶著弟子逕自往衛國的方向走去。

子貢覺得很訝異，連忙問道：「老師，您剛剛不是才與公叔氏訂立誓約，說好不去衛國，難道誓約可以背叛嗎？」

孔子白了子貢一眼，沒好氣地回答說：「關於訂立誓約這類事情，神是不大理會的。」

看完這個故事，你也許會嚇一跳，心裡納悶地想：「不會吧，孔子身為至聖先師，平常不是教導弟子『人而無信不知其可』嗎？怎麼會做出這種背盟毀約的事呢？」

如果你有這樣的想法，那就大錯特錯了。其實，孔子對於尾生的做法一直都嗤

之以鼻，在他的思想中，對於「誠信」的觀點，一直都是強調「大信不信」，亦即人應該講究大信，但是不必太拘泥於小信，只有那些愚夫愚婦才會斤斤計較小信。

英國諷刺作家西蒙·伯特勒曾經說過：「誓言只不過是一番空話，而空話只不過是一陣風。」

其實，在現實生活中，我們向別人承諾的事情，總是因爲一時的豪情或憐憫，或者不是基於自由意志，而是在別人百般脅迫、死纏爛打……等等情況下，不得已才答應的。

就是因爲違背自由意志，我們所能實踐的，往往不到諾言的十分之一，因此，才會出現輕諾寡信的狀況。

遇到這種讓自己懊悔不已的承諾，與其做得心不甘、情不願，倒不如學學孔子，想出一番理由自圓其說，爲自己的言行不一解套。

10.

「好人」總是懂得見縫插針

怨天怨地也改變不了既成的事實。

早點放手，早點看開，

或許對你來說，才是最好的一種選擇。

不受干擾，自然沒有煩惱

不去在意，這些問題不就不存在，不會干擾到你的心情，也不會替你製造更多的煩惱了嗎？

古羅馬思想家塞內卡曾說：「命運之神的打擊方式並非一成不變。有時，它借用我們的手打擊我們，有時又設下讓人哭笑不得的圈套。」

既然週遭的小人無法避免，那麼，不如試著接受現實。

能和，則能共存共榮；不和，勢必同歸於盡。做人「以和為貴」，才能有效地對付那些看不見的小人。

一名果農經常因為附近鄰居的野孩子擅自闖進瓜田偷吃而感到煩惱。

一天，他終於下定決心，決定要效法千面人的手法，懲罰一下這些不問自取的小鬼們。於是，他特地在瓜田最顯眼的地方立了一個告示牌，上面寫著：「警告！本瓜田中有一顆西瓜注射有劇毒。」

那天晚上，果農埋伏在漆黑的夜色裡，看見那群小孩紛紛落荒而逃，一顆西瓜也不敢偷吃，不禁幸災樂禍地笑了起來。

一個禮拜之後，果農巡視西瓜田，發現西瓜一顆也沒少，心中暗自對自己發明了這個防制盜竊的妙方感到得意。正當他巡視完整片瓜田準備要打道回府時，突然間，他看到當初立的牌子被人偷偷地動過手腳，上面多了一行字，寫著：「現在有兩顆了！」

德國哲學家叔本華曾說：「如果說邪惡的行為只須在另一個世界贖罪，那麼愚蠢的行為就必須在這個世界上償債。」

人之所以會幹出邪惡或愚蠢的行爲，往往都是受到刺激之後，無法按捺自己的情緒，衝動之餘犯下的。

一位哲人曾云，眞正的力量是忍耐，眞正的智慧是寬厚。說話，要讓人聽了以後歡喜；做事，要讓人知道以後認同。

不與人計較，其實也是對自己的一份慈悲、一層保護。雖然那個人佔你便宜，雖然那個人老是騎在你頭上，但若你不去在意，這些問題不就不存在，不會干擾到你的心情，也不會替你製造更多的煩惱了嗎？

老一輩的人經常告誡年輕人：「不吃過頭的飯，不講過頭的話，不走過頭的路，不做過頭的事。」

這是因爲，一個只有謹守本份，才能照顧當下；一旦超越了界線，便很容易失去未來。

「好人」總是懂得見縫插針

怨天怨地改變不了既成的事實。萬一攤上這種事情，早點看開，或許對你來說，才是最好的一種選擇。

作家拉布呂耶爾曾經說過：「所有的成功人士，總是清楚地讓人們知道自己的成功符合他們的利益。」

熟諳人性的人，通常會想方設法投別人所好，再趁機上下其手，達成自己的目標。這正是某些讓你深惡痛絕的賤人，為什麼比你成功的原因。因為，他們總是懂得巧妙包裝自己的目的，懂得適時見縫插針。

那是四年前的事了，當時小明還只是一個大學生。

小晴是小明的同班同學，也是他們班上最漂亮最清純的女孩子，小明第一眼看到她，就已經愛上了她。

沒多久，她總算答應了小明的追求，成為小明的第一任女朋友。認識他們的人都說，他們簡直是天造地設的一對。

就在他們交往後的第一個暑假，小明邀請她來家裡玩。但是，小明並沒有帶她回自己的家，而是商借了舅舅家，因為他舅舅是一個億萬富翁，家裡的裝潢、擺設豪華得簡直和皇宮沒有兩樣，小明很想藉此博得小晴的歡心。

那天下午，舅舅很熱情地招待，小明和小晴也玩得不亦樂乎。

四年後的某天，小明和小晴在咖啡廳又再見面了。

她關心地問小明：「你現在好嗎？還是一個人嗎？」

小明酸溜溜地回答：「是。」

小晴繼續用她那天籟般的聲音說：「你應該要找一個女朋友了，不要再沉緬於往事之中。我和我丈夫都很關心你的。」

「是的，舅媽。謝謝妳和舅舅的關心，你們放心好了，我一定很快就會找到女

朋友的！」

西方兵聖克勞塞維茨在《戰爭論》曾經說過：「在戰場上，任何一次出敵不意的勝利，都是以詭詐作為基礎。」

現實生活中的那些「好人」都知道，想要在現實的社會左右逢源，就必須要奸使詐，才能以最低成本獲得最高效益。

人性是醜陋的，而且越卑鄙的人，就越會暗中陷害他人。有點心機，具備一些防人之心，才能避免自己陷入危機。

想要在情場上獲得出奇不意的勝利，也是相同的道理。

這個世界上有太多見色忘友的「賤人」，爲要了擄獲鎖定的獵物，正不動聲色地暗地遂行「破壞」詭計，因此做人一定要有「先賤之明」。否則，類似上述故事的劇情，就會在你的生活中上演，眼睜睜看別人破壞你。

當然，怨天怨地改變不了既成的事實。萬一攤上這種事情早點放手，早點看開，或許對你來說，才是最好的一種選擇。

遭到欺負，不要著報復

遭到欺負的時候，覺得委屈的時候，不妨靜下心來，耐心地給自己一段時間，然後，時間也會給你一個滿意的解答。

世事萬物都是相對的，有作用力，自然就會有反作用力；有人對你不好，你當然也不想讓他好過。

只是，你費盡心思就眞的可以不讓他好過嗎？抑或你衝動的所作所爲，只是促使對方找到了台階、讓自己更加不好過？

活在這個「賤人」橫行的社會，千萬別認爲外表看起來人模人樣的人，就不會對你耍奸詐！

萬一遭到「賤人」欺負，也不用急著施行報復計劃。

某個男人出差回家，正巧撞見自己的老婆與鄰居的老公廝混在一起。

於是，他怒氣沖沖跑去按對面人家的門鈴，對鄰居太太說：「妳老公和我老婆有姦情！他們眞的太過分了，簡直不把我們放在眼裡，我們一定要想辦法報復！」

鄰居太太二話不說，立刻把男人拉進房裡，脫光衣服，倒在床上，兩人像野獸一般激烈地做愛。

不久，他們兩人氣喘吁吁地躺在床上休息。隔了幾分鐘，鄰居太太又提議道：「怎麼樣？我們再來報復一次吧！」

就這樣，被恨意蒙蔽的他們一連報復了六次。

當鄰居太太要求第七次報復之時，男人雙腿發抖地踏下床沿，口齒不清地說：「算了吧！我已經不恨他們了……」

由上述這個有趣的故事，我們可以得出一個結論：報復別人，消耗的其實是自己的能量。

那個卑鄙無恥的賤人雖然傷害了你，但是，若你也用同樣的方式去傷害對方，你和他又有什麼兩樣？

做壞事沒有分前因後果，做了就是做了，沒有任何藉口。

他對你不好，自有上天會收拾他。如果你也讓自己變得和他一樣壞，那麼你只會連自己的立場都失去。

遭到欺負的時候，覺得委屈的時候，不妨靜下心來，耐心地給自己一段時間，然後，時間也會給你一個滿意的解答。

不胡思亂想，就不會上當

不要怪不實廣告吊起你的胃口，追根究底，一切都是胡思亂想惹的禍，因為你自己想得太多！

拉布呂耶爾曾說：「嘲笑別人，常常是智力貧乏的表現。」

的確，人們通常喜歡嘲笑自己覺得可笑的事物，但往往在最後，反而鬧出「不小心笑到自己」的笑話。

因此，當你還搞不清楚自己爲何要嘲笑別人的時候，或是碰到自己並不理解來龍去脈的荒謬事情，千萬別輕率地嘲笑，因爲日後你自己也可能會有類似的遭遇，淪爲被人取笑的對象。

一個女人和一個男人在一起能做些什麼？

一個女人和一群男人在一起又能做些什麼？

以下這則故事，正是要告訴你現實與幻想之間的距離。

小明經過一家專放小電影的電影院，看到牆上的海報寫著：「本周新片爲一個女人和七個男人的故事。劇情大綱：一名美女在路上莫名其妙地暈倒，被七個男人強行拖入森林裡……」

小明看得慾火中燒，興沖沖買票進去電影院，沒想到……播的竟然是〈白雪公主〉這部卡通片！

又過了一個禮拜，上當過一次的小明再度經過那家電影院，看到外頭貼出嶄新的宣傳海報，上頭寫著：「本週播出一個女人和七個男人的故事。內容簡介：一名絕世美女與七個男人共度驚濤駭浪般的銷魂體驗……PS：絕非〈白雪公主〉。」

嘿嘿嘿！這回應該來眞的了吧！

小明迫不及待地買票入場，結果……

他花了兩個小時看了〈八仙過海〉這部民間傳奇。

看到笑話中的小明因爲想入非非而被電影院的宣傳用語唬弄兩次，你會不會認爲他未免太過豬頭了？

碰到這種蠢事，想要冷嘲熱諷一番，其實是自然反應。

但是，對於「落難者」，我們應該厚道一點，盡可能不要大聲嘲笑，因爲，誰也不能夠保證自己永遠不會在相同的道路上摔跤！

同時，也要記住：幻想是一種興奮劑，服用的時候固然會讓你產生暫時的快感，但是，藥效過後，你所得到的可能是加倍的惆悵與懊惱。

人性本來就很詐！不要怪不實廣告吊起你的胃口，追根究底，一切都是胡思亂想惹的禍，因爲你自己想得太多！

讓對手發揮最佳的作用

可敬的對手是用來激勵自己，可惡的對手是用來磨練自己，至於那些無關緊要的對手，則是用來襯托自己的形象。

當你在經過的路上遇到一顆擋路的石頭，你應該要想辦法把它搬開；但若這顆石頭只是安分地待在路邊，你還需要浪費時間在它身上嗎？

人生的路上，我們往往會遇到很多或眞或假的「絆腳石」。能夠分辨哪一顆石頭值得你彎下腰來把它搬走，需要的不僅是做人處事的智慧，更需要權衡利弊得失謀略。

正當前方戰事進行得如火如荼時，將軍爲了激勵士氣，親自出巡來到了前線，

詢問其中一名士兵：「情況怎麼樣？」

士兵恭敬地回答：「報告將軍，前方二十公尺的石堆中，埋伏著一個敵軍的狙擊手。不過，他的槍法實在很爛，這幾天一連開了好幾百槍，連樹木都沒有打中一棵。」

將軍聽完，疑惑地繼續追問：「既然發現了敵軍的狙擊手，爲什麼不想辦法把他幹掉呢？」

士兵回答：「報告將軍，這恐怕不好吧？難道你要讓他們換一個槍法比較準的來嗎？」

凡事不要做得太絕，有些時候，適度地給別人留一條後路，不也是給自己留一條退路嗎？

雖然有句話說「對敵人仁慈，就是對自己殘忍」，但是這句話的前提是，這名敵人必先威脅到你，你才好除之而後快。若是這名對手本身對你一點殺傷力也沒有，你又何需浪費力氣去攻擊他呢？何不樂得充當大好人？

要爬上崎嶇的山崗，就能十分輕鬆地逃出牠的魔掌，獅子白白追捕了幾次，更加飢餓與衰弱了。

最後，牠想出了個妙法，放出風聲，說牠在宮殿裡重病纏身，已經快要嚥下最後的一口氣，牠非常後悔過去的殘暴行爲，希望願意原諒牠的動物們，在牠過世之前能夠前來探望。

消息傳出，森林裡的兔子與梅花鹿聽了，眞的到獅子的宮殿中去探望；獅子非常感激牠們的善良，便把牠們狼吞虎嚥地吞進肚裡。

這天，聰明的狐狸來到宮殿門口，仔仔細細地觀察。獅子看見了狐狸，熱情地招呼說：「親愛的狐狸啊，快到這兒來！在我生命的最後一刻，你能像其他人一樣來探望我，眞讓我感動！」

狐狸卻回答說：「啊，大王，我知道！他們進來了，卻沒有出來，這一行行腳印清楚地告訴人們：有去無回就是探望你的人的下場。」

我們常常會因爲不同的立場或喜好，甚至是個人的情緒與偏執，特別容易相信

某些人的話語，工作上如此，面對週遭的親友也是這樣。

他們可能有著甜蜜的笑容，可能有著卑微無害的身份，可能有著看起來親善和藹的面孔，可能說著義正詞嚴的話語。我們對他們付出信任，對他們的話不加懷疑，卻忘記先用自己的眼、自己的耳、自己的想法，對他們的所做所爲進行檢視。

僞裝與謊言常常一起出現，僞裝者變幻著各種不同的姿態、不同的聲調與表情；他們可能擺低了姿態，一面向你說：「請可憐可憐我吧」，一面卻在心裡打著你的主意。

要看破他們的眞正企圖，需要的，是冷靜的觀察與銳利的眼光。

一行行只有進去沒有出來的腳印，說明了探訪者的命運，狐狸站在門口，用牠的眼睛看透了獅子的僞裝與謊言，而我們呢？

別將好心用在惡人身上

即使我們的出發點是良善的，萬一幫助了不該幫助的人，最後受害的可能不只是自己，還有許許多多無辜的人呢！

在宗教或道德上的觀念中，能夠及時行善事時，我們不應吝於付出自己的善意，能夠及時幫助他人時，我們更不應袖手旁觀，因爲，「助人」始終是一項值得讚揚的美德。

這樣子的想法當然沒有錯，畢竟，人與人之間的互助與互益，是人類最美好的光明面之一。

不過，有時在我們付出愛心的同時，也得睜亮眼睛呢！

這天，愛吃鹿肉的獅王捕到一隻梅花鹿，一不小心，一根鹿骨卡住了咽喉，讓牠痛苦不堪，並且無法進食。

啄木鳥幾天未見舅舅獅王了，這天飛來探望獅王，驚問：「舅舅，您病了嗎？怎麼瘦成這個樣子？」

獅王用手指著自己的咽部比劃著，哼聲道：「難受！難受！」

聰明的啄木鳥立即明白了，心想：「雖說獅王是我舅舅，然而牠生性兇殘貪婪，我應該幫牠嗎？」

牠看看已經好幾天沒有吃東西的獅王極度憔悴的樣子，又想：「但是，若這樣任牠無法進食而死，我卻又怎麼忍心呢？」

啄木鳥想罷，就對獅王說：「舅舅，別擔心，我能把您治好，但您得答應我一件事。您會被骨頭卡住，是因爲吃了太多鹿肉而起的。請您答應我，此後不要再隨便獵殺動物了，好嗎？」

獅王點點頭。於是，啄木鳥便說：「您先好好休息，我回去準備準備，等一下就爲您治病。」

獅王聽了非常高興，不多久便靠在床邊睡著了。

啄木鳥就躡手躡腳來到獅王身邊，把事先準備好的木棒輕輕插進獅王口中，將牠的上下牙撐開，然後鑽進獅王口中，用長嘴叼住鹿骨，飛了出來。接著取出木棒，飛到附近的樹上。

獅王醒來，咽喉不再疼了，高興地對啄木鳥說：「好外甥，你救了我一命，我應當終生相報。以後，我不會再隨便殺害動物啦！」

幾天之後，啄木鳥被老鷹追捕，驚慌地飛來，對獅王說：「舅舅，後頭有老鷹追我，快救我一救！」

誰知，獅王此時正在吃另一隻梅花鹿的肉，牠張著血盆大口，對啄木鳥說：「我這牙齒鋒利無比，你上次進入我口中叼著鹿骨安全飛出，本該慶幸免除一難才對，怎麼今天反倒來找我尋求幫助呢？」

不知道大家有沒有聽過一句話：「對惡人仁慈，就是對善人殘忍」？

故事裡的啄木鳥看獅王可憐，雖然明知牠兇狠殘忍，最卻於心不忍，仍然不顧

危險治好了獅王的病。誰知，獅王不但不知感恩、不守諾言，還對自己的救命恩人見死不救！

惡人的勢力一旦強大，因爲他們的貪、暴，必定會去迫害別人、欺侮別人；固然不是每個人都能當打虎的英雄，卻也應該明白不應助惡爲虐的道理。即使我們的出發點是良善的，萬一幫助了不該幫助的人，最後受害的可能不只是自己，還有許許多多無辜的人呢！

因此，在我們對不義者伸出援手之前，應該更仔細地想一想：該，或不該？

別為了獲得好處而掩人耳目

千萬留意，群眾的眼睛是雪亮的，騙得了一時，騙不了一世，謊言一旦被揭穿，隨之而來的可能是非常嚴厲的後果。

印度文學家泰戈爾曾說過這麼一句話：「虛偽永遠不會因為它生長在權力中而變成真實。」

我們常常會犯下一個嚴重的錯誤，那就是將虛假的東西誤以爲是眞實的，將自己沒有的東西想像成有的。

做人應該有幾分把握才說幾分話，如果自己只有五分把握，外表卻假裝自己有十分，那就是虛僞的欺騙；這種欺騙可能在一時之間掩人耳目，但是卻無法永遠隱瞞下去。

很久以前，所有的動物都生活在山林裡，那時候的人們並不了解動物們的專長。後來，人類經過千辛萬苦把這些動物統統都馴服了，才把牠們帶到自己居住的地方，並且決定讓牠們幫助人類做事。

但是，人類不了解這些動物擅長做什麼工作，所以決定進行一次測驗，然後根據牠們各自的能力安排牠們的工作。

這場測驗就這樣開始了，許多動物都來了，有的只是來看看熱鬧，有的則是誠心誠意的想參加。

第一項測驗是賽跑，人類安排好了賽程和比賽的規矩後，問牠們：「誰要參加這個項目的比賽，請站出來。」

馬站出來，豬不甘示弱也站了出來。比賽開始了，馬奮力地向前跑，豬也奮力地往前跑，可是豬拐過山坡就鑽進了樹林，躲了起來。

睡了一小覺之後，牠聽到馬蹄聲，知道馬繞了一圈跑回來了，這才跑出樹林，和馬並排跑到了終點。

人們說：「豬那麼胖，居然和馬跑得一樣快，眞不簡單。」

第二次比賽耕田，人們問：「誰願意參加這項比賽？」

牛走出隊列，豬也搖擺著自己肥胖的身體走了出來。

比賽開始了，牛專心地耕地，豬卻耍滑頭，在地上打了一個滾，弄了滿身泥，還故意對牛說：「加把勁啊！不要辜負了主人的熱心關照！」

人聽了豬的話，心裡很舒服，心想豬爲人厚道，不但幹活不怕髒，還關心別人、鼓勵別人，眞難得！

結果這場測驗豬又勝利了。

第三個比賽項目是唱歌，人們說：「這項比賽誰參加呢？」

愛唱歌的公雞立即蹦到人的面前舉起了翅膀，豬也再次來到人的面前，表示要參加歌唱比賽。

比賽開始了，公雞高高地昂起頭，挺起胸，嘹亮的歌聲直衝雲霄。

而豬呢？牠哪裡會唱歌，只會隨便哼哼啊啊地叫。可是，牠自有辦法，每次公雞張嘴的時候，牠也跟著唱，公雞閉嘴的時候，牠也趕緊閉嘴。這樣，居然騙過了

衆人的耳目。

人以爲豬唱得很好，這場比賽牠又贏了。

通過考察，人認爲只有豬是全才，對豬十分重視和喜愛。

但是，沒過多久，豬的僞裝就被人發現了。人讓豬去耕地，豬卻在地裡亂跑。人讓豬報曉，豬每天只會睡懶覺，太陽出來了才懶懶地爬起來。人要騎著豬出門趕集，結果豬把人甩在地上。

人這才知道豬什麼才能都沒有，只會騙人。

從此，人決定養豬只爲了吃肉。

法國思想家盧梭曾經寫過一句值得深思的警句：「禽獸根據本能決定取捨，而人類則通過算計來決定取捨。」

人活在世上，不管做人或做事，難免要遭遇許許多多「人性習題」。我們不難發現，成功者並非比失敗者有腦筋，只不過他們面對「人性習題」，取捨之時，比失敗者多了一點心機。

但是，心機千萬別耍過頭，否則難免變成豬頭。

故事裡的豬唱作俱佳，可以說是非常狡猾的表演者，在許多方面都騙過了人類的耳目，讓大家相信牠擁有事實上並不屬於自己的才能。

但是，請千萬留意，群衆的眼睛是雪亮的，騙得了一時，騙不了一世，謊言一旦被揭穿，隨之而來的可能是非常嚴厲的後果。

下次當我們爲了得到一些好處或利益，而宣稱自己擁有並不眞實的才能或資格時，最好還是三思而後行吧！

身爲評鑑者的人則更要注意，千萬不要受到迷惑，誤會了豬的才能，否則等到事實眞相浮現之後，再懊悔自己識人不清，就來不及了。

11. 要做好人，先學會做聰明人

與人相處的時候，多一點保留和警戒心，
不要輕易說出真心話，是一種保護自己也保護別人的方式。

越貪婪越容易受騙上當

少一點貪婪，多一點踏實，我們才能真正地享受生活的樂趣，也才能開開心心、自由自在地享受富足人生。

貪婪是人性的一大弱點，貪婪的念頭一起，我們便已陷入危機之中。即使明知眼前方向有誤，很多人還是會盲目地踏上。

抑制不了貪婪的人，往往都得等到大難臨頭、跌入谷底之後，才會驚覺這一切不過是華麗的騙局！

東漢時期，宦官張讓不僅獨攬大權把持朝政，更敢隻手遮天。朝野人士都知道，若想得到提拔升遷的機會，便得過得了張讓這一關。因此，只要是想快速升官的人，個個都搶著巴結張讓府邸裡的人。

有個初到京城的富商孟倫，一到洛陽便聽說這個消息。當他仔細了解情況之後，心中也有了絕妙的生財之道。

他先是打聽到，由於張讓平時都得在宮中侍候皇上，家中全由一位管家主持事務，每個想求見張讓的人都得先經由他的安排。

探明情況之後，孟倫便從這位管家著手。

他打聽到管家經常上的酒館，便在那裡等候，伺機接近。他果眞很幸運，第一天等候便等到了管家。

管家享用完餐點後，卻發現忘了帶銀子出門，所幸他與酒館老闆早已熟識，因此便言明暫時賒帳，等下回光顧時再付。

不過，這時孟倫卻立即上前解圍：「管家，您這頓飯我請。」

只見孟倫大方地拿出銀兩支付，接著便與管家閒聊了起來。

受人恩惠的管家心中甚是感激，再加上兩人的交談非常熱絡，孟倫與管家很快地便成爲朋友。

魚兒上鉤了，孟倫更是用心奉承，很快地他便擄獲了管家的心，由於管家收了孟倫不少好處，但孟倫卻從來都沒有要求回報，這竟然讓慣於「吃黑」的老手也心生愧疚之意，這天他問孟倫：「你有沒有需要我幫忙的地方？」

孟倫一聽，連忙說：「我本來就喜歡結交朋友，別無所求，不過，如果您不爲難的話，我很希望您可以當衆對我一拜。」

管家笑著說：「這有什麼難的！」

第二天，孟倫來到張讓的府前，那些盼望升遷、趨炎附勢的小人也早已擠在門前，靜靜等待管家開門安排。

不久，管家領著奴才們開門見客，衆人也立即湧上前去。

這時，管家卻忽然揮了揮手，領著奴才們朝著孟倫的方向前去，接著他帶頭向孟倫行跪拜禮，然後客客氣氣地引領他進入府邸。

衆人一看見管家對這個陌生人如此恭敬，無不議論紛紛，心裡揣測：「他一定是張府的重要人物。」

「這個人和張讓的關係肯定非比尋常。」有人交頭接耳地說。

於是，那些等不到管家的人紛紛轉向拜託孟倫，他們將原本要給管家的金錢，全數送到了孟倫家。

至於孟倫，他當然早預料到這種結果了。因爲他在管家身上下那麼多的功夫，無非就是爲了今天，面對這些捧著金銀財寶上門請求的人，孟倫一概允諾，不到十天，他便累積了萬貫家財。

那麼人們的拜託呢？

自從有天黑夜孟倫舉家偷偷離京後，就再也沒有下文了。

不知道是孟倫太奸詐，還是被慾望蒙蔽的人根本看不見現實眞相？

不論是管家被利用了，或是奸商的本質太過詭詐，問題關鍵始終都出在「求官者」的身上，若不是他們利欲薰心，被孟倫清楚看見人們急於求官的弱點，他們怎麼可能會被欺騙？而且是被騙得血本無歸？

這類故事的道理古今皆通，在在說明如果我們能少一點貪婪之心，社會上受騙的哭泣自然會少一些。

世上沒有白吃的午餐，沒有付出努力而得到的財富，原本就讓人感到不踏實了，更何況是故事中那些只懂逢迎巴結而沒有實力的求官者呢？抑制不了貪婪的人又怎麼可能眞正地得到成功的機會呢？

眞正的機會要靠自己創造與爭取，我們才能清楚掌握自己的未來，也才能不必受制於人，自在地享受豐收的果實。

少一點貪婪，多一點踏實，我們才能眞正地享受生活的樂趣，也才能開開心心、自由自在地享受富足人生。

能力不足，就不要輕易嘗試

要與豺狼共舞，必須先估算一下自己究竟有多少本事，要是自己能力不足，必須依賴別人才能成事，就別貿然嘗試。

墨西哥有句俗諺說：「千萬不要相信豺狼，你給牠一個指頭，牠就會吞掉你整個胳膊。」

世間有太多吃人不吐骨頭的豺狼，但是有的人被名利富貴沖昏了頭，偏偏想與豺狼合謀，試圖設下陷阱誆騙別人，殊不知，最後一個掉入陷阱的往往就是自己，白白成了豺狼的點心。

以下的這個故事，就是我們必須引以爲戒的教訓。

唐代宗時期的名將李抱貞坐鎮潞州之時，由於軍資匱乏，便無所不用其極地四處籌措。當時，潞州有一老和尚德高望重，頗受民眾敬仰，李抱貞便把他請來，恭恭敬敬地說：「目前軍資匱乏，我想借重您的聲望來籌措軍餉，不知可不可以嗎？」

老和尚說：「這沒有不可以的。」

李抱貞便將事先想好的計謀說出來：「那就請您向信徒宣佈，您已決定挑選良辰吉日，要在球場焚身升天，請信徒們捐錢做法事。我會在附近挖一條地道，與球場中央相通，等到大火點燃以後，您就悄悄從地道中爬出，然後對信徒們宣稱，西方佛祖要您繼續留在凡間普渡眾生。如此一來，我籌得了軍資，您的威望也會如日中天。」

老和尚聽了樂不可支，很高興地接受了這個計劃，於是開始四處宣傳自己即將焚身升天。

隨後，李抱貞便在球場中央堆積柴薪，連續作了七天法事，晝夜香火不斷，誦佛唸經之聲不絕於耳。另外，他也請老和尚進入地道，讓他詳細察看，消除他的心中疑慮。

到了焚身當天，前來觀看的善男信女摩肩擦踵，把球場擠得水洩不通。時辰一到，老和尚身著華麗袈裟登上祭壇，手持香爐，對衆人弘佛說法；李抱貞也率領僚屬到場頂禮膜拜，並率先把自己的俸祿全都捐出。善男信女們見狀，也紛紛捐出自己的財物，施捨的錢財不計其數。

李抱貞歛足了錢財，這才派人點燃堆積的柴薪，並擊鐘唸佛。但是，就在老和尚想要爬出地道，向信衆展現「神蹟」之時，赫然發現李抱貞暗中派人將地道堵死了。

不一會，老和尚和木柴同時化爲灰燼，李抱貞隨即派人清點財物，全部用馬車載回軍營。

馬基維利在《君王論》裡說：「只有依靠你自己和你自己的能力，才是可靠的、有把握的和持久的。」

要與豺狼共舞，必須先估算一下自己究竟有多少本事，要是自己能力不足，必須依賴別人才能成事，就別貿然嘗試。

千萬不要聽信別人提供的狡詐手段，試圖以此滿足自己虛榮和慾望，否則下場就像故事中貪圖聲譽的老和尚一樣。

呆頭呆腦的老和尚「與豺狼共舞」的結果，白白丟掉自己寶貴的生命，而且恐怕臨死之前，還不敢相信，堂堂一代名將李抱貞竟然會幹出這種「謀財害命」的勾當！

要做好人，先學會做聰明人

與人相處的時候，多一點保留和警戒心，不要輕易說出真心話，是一種保護自己也保護別人的方式。

托爾斯泰曾說：「想做個人人稱讚的好人，力求誰都知道自己是個好人，無疑是最愚蠢的。」

確實如此，人往往為了面子和虛榮，強迫自己裝扮成好人的面目，以贏得別人的讚許，最後卻讓自己苦不堪言。

人生的陷阱無所不在，許多人被坑被騙，並不是他們的智商不足，而是他們一味想當個「人見人愛」的好人，不管什麼人都不加提防，不管什麼事都不好意思拒絕，結果自然是一再被坑、被騙、被利用、被陷害，成了不折不扣的蠢蛋。

有個連鎖的補教業，聘請多位老師。這些老師除了指導學生的課業之外，還必須負起招生的責任，因此，老師與老師之間形成一種無形的比賽，誰能留住最多學生，誰就有機會升等、加薪。

到了招生季時，所有老師卯起勁猛拉學生。在休息時間，B老師突然和A老師攀談起來，說著說著，抱怨起公司的型態，A老師安慰了他，並且告訴他自己的看法。沒想到隔了幾天，補習班主任突然將A老師找了過去，並指責他散佈對補習班不利的消息。

這時，A老師才發現，原來B老師將自己安慰他的話加以扭曲，並到處傳播，不但毀損了他的形象，還搶走了他的學生！

馬克·吐溫在已經進入禁止漁獵的季節裡，前去緬因州的森林釣了三個星期的魚，可說是滿載而歸。在回程的火車上，無聊的他和坐在隔壁的陌生人聊天，不斷向陌生人誇耀自己這次的釣魚之行。

起初，陌生人有一句沒一句地應對著，後來愈聽臉色愈不對勁，到最後還板起了臉孔。馬克．吐溫見狀感覺到有些奇怪，便問道：「冒昧請教，您是從事什麼行業的？」

「緬因州的漁獵監督官。」馬克．吐溫一聽差點把含在嘴裡的雪茄嚥下去。那人接著又問：「你是什麼人？」

「天啊！我告訴您實話吧，長官，」馬克．吐溫急忙改口說：「我是全美國最會說謊的人。」

英國大作家狄更斯也有類似的經歷，有一次他在某條河邊釣魚，等到快睡著時，身旁突然來了一個人。

「下午好啊！先生。」那人有禮地問候：「您在釣魚嗎？」

「你也好啊！」狄更斯隨口答道：「可惜釣了老半天，連一條魚也沒釣到。可是我昨天也是在這個地方，釣了十幾條魚啊！」

那人聽完回答後笑了笑，又說：「眞是遺憾啊！先生，您知道我是幹什麼的嗎？」他從口袋掏出一本簿子，「我是專門查辦在這條河上釣魚的人。」說完便提筆打算對狄更斯開罰單。

見到這突發的狀況，狄更斯連忙反問：「那麼，先生，你知道我是做什麼的嗎？」沒等對方回答，又接著說：「我是一個作家，虛構故事就是我的本業。這樣你明白了嗎？剛才的話，完全是虛構的。」

外交家、實業家兼慈善家沃爾夫曾經說過：「一個再沒有心機城府的人，也要懂得如何察言觀色。」

因爲，察言觀色不僅可以讓自己從對方的表情和言行，提早知道對方心中在想什麼，進而預設自己下一步該如何與對方互動，更可以在危急的情況下，避免讓自己陷於更不利的境地。

與陌生人交談時要特別注意談話的內容，尤其是主動攀談、看起來坦率的人，通常是別有目的。馬克．吐溫和狄更斯隨機應變的幽默，讓他們免除了一張罰單，但是，若他們在說話前能夠多一點心機，先考慮到「違法釣魚」的問題，就不會輕

易將「違規事件」洩底了。

人生就是戰場，不只是陌生人，就算是交情不錯的朋友，也有可能隨時扯你後腿，誰也不能保證親密夥伴沒有背叛自己的一天。因此，與人坦率相對時也要有所保留，爲了避免被陷害的人際風險，即使是面對再親密的人，也不能毫無保留地掏出所有眞心話。

每個人都應該要保有自己的「秘密」，雖然不用到草木皆兵的地步，但是防人之心不可無。與人相處的時候，多一點保留態度和警戒心，不要輕易說出眞心話，是一種保護自己也保護別人的方式。

做人不可以沒有心機，也一定要會看時機；在知識經濟的時代，想要比別人快一步成功，做事就要更懂得變通。

以牙還牙，才是成功的心法

俄國作家赫爾岑說：「人生只有在鬥爭中才有價值，只有受過痛苦，才能領悟人生的價值。」

儘管，許多所謂的「賢人」一再告誡我們，報復是心胸狹隘的，要學會放下，但是，這種一味想要息事寧人的消極想法，只會使壞人更加氣焰高張，好人更加無處容身。

以牙還牙，才是成功的心法。一個弱者想在現實又勢利的社會生存下去，必須要有這種報復雪恨的態度，這是人生中最積極的能量。

越王勾踐被吳王夫差打敗後，困守在會稽山上，不得不派人向夫差求和。夫差

志得意滿地接受了勾踐的請求，但是提出苛刻的條件，要勾踐到吳國當夫差的僕人，勾踐礙於情勢，不得不忍辱答應。

勾踐到吳國後，住在山洞裡，每次夫差外出，他就恭恭敬敬地走在前頭為他牽馬；遇到路上有人故意羞辱謾罵，勾踐也始終低頭不語，表現出一副奴顏婢膝的模樣。他表面上裝得懦弱無能，暗中卻積極策劃復國雪恨的計劃。

有一次，夫差病了，勾踐聞訊前去探望，為了表達自己對夫差忠心耿耿，便虛情假意地對夫差說：「我曾跟名醫學過醫道，只要嚐一下病人的糞便，就能知道病情的輕重。」

隨即，勾踐親口嚐了嚐夫差的糞便，然後裝出一副諂媚的模樣對他說：「恭喜大王，剛才我嚐了大王的糞便，味道有點酸有點苦，應該是得了『時氣之症』。得了這種病，很快就會好，請大王不必擔心。」

夫差聽了不禁大受感動，認為勾踐比自己的兒子還孝順，而且他卑賤到這種程度，必定不會有反叛之心，不久便釋放勾踐回到越國。

回到越國後，勾踐臥薪嚐膽，禮賢下士，招兵買馬，經過十年生聚教訓後，終於報仇雪恥，一舉滅了吳國。

俄國作家赫爾岑說：「人生只有在鬥爭中才有價值，只有受過痛苦，才能領悟人生的價值。」

人如果時常被別人欺負、糟蹋，總會覺得心有不甘而想要報復，這是極為正常的心理反應。

正因為心裡存著報復的念頭，人才能激發出奮鬥的動力和目標。一旦受到別人的欺壓、凌辱，而心中卻沒有一絲報復的念頭，將會成為自卑感的俘虜，不但影響心理的健康，一輩子也只能不斷地向更底層沈淪，永遠也見不到人生的光明遠景。

狡猾虛偽、欺詐殘忍、言行不一是人性的重要特徵，因此，如果你不想繼續受傷害，就必須逼迫自己成為強者，讓人不敢輕侮。

勾踐臥薪嚐膽的故事提醒我們，當我們處於弱勢的時候，一定咬緊牙關儘量忍耐，等到自己的實力壯大到可以打敗敵人的時候，一定要以其人之道還治其人之身，並且要想盡辦法徹底殲滅他們，絕對不可以手下留情，這是成功的最基本原則。

評估人心，不要掉以輕心

評估人心的時候，審視他人的眼光要更為謹慎、銳利，眼光放遠，不能把一時的言論與行動當做唯一的評價指標。

美國大作家愛默生曾說：「成功者並非比失敗者有腦筋，只不過他們比失敗者多了一點心機。」

的確，在人性的這條高速公路上，「心機」絕對是讓你避免受重傷的「安全氣囊」，無論你的本事多高強，做人做事最好還是要有點心機，才不會在關鍵時刻，出現要命的「當機」！

我們永遠不知道別人的心裡究竟在想什麼，爲了提防對方使詐，做人要多一點心機，做事要多一點心計。

做人做事要把眼光放遠，看人要看到骨子裡，不能把一時的言論與行動當做唯一的評價指標，要注意這個人是否說一套、做一套，舉止與言論是否前後不一，這才是應該關注的重點。

越有權謀計略的人，越是擅於隱藏自己的眞心，看完俾斯麥的故事後，我們應該更明瞭這點，往後在評估他人行爲與言論時，更要加倍謹愼。

提防別人對你進行「道德謀殺」

拿破崙曾說：「暗殺一個人有許多種不同方式，用手槍、刀劍、毒藥，或是道德上的暗殺。這些方式的結果是相同的，只是最後一種更為殘酷。」

日本相撲界強調，想要成爲一個成功的力士，必須堅守「三不」原則。所謂「三不」原則，就是不生病、不受傷、不理會，其中又以「不理會」這條守則最爲重要，就是對於失敗、挫折，以及別人對自己的看法和批評，全都不加以理會。

一個人若是在意別人對自己的批評，就會作繭自縛，凡事先想到是否對自己的聲譽有所損害，而想要表現得更加符合旁人的心意。如此一來，就等於將自己禁閉在虛榮的牢籠中，別人的批評和讚譽，反而會使自己精神層面的成長停頓下來。

因為設立諾貝爾獎而享譽國際的火藥商亞佛雷得．諾貝爾，曾經是一個惡名昭彰的大奸商，也是一個對別人的批評置若罔聞而獲得成功的典範。

儘管，他尚未聲名遠播之前，法國人對他的批評極為尖酸刻薄，例如「該死的商人」、「專門搞破壞的惡棍」、「冷血無情的火藥梟」……但是，他絲毫不以為意。

諾貝爾是瑞典人，但是在巴黎住了十八年，從事軍火研發及買賣。

他為了改良槍砲彈藥等武器，打通關節向法國政府商借了一座靶場，進行各式各樣的試驗。後來，他研發出無煙火藥，想要將專利賣給法國政府狠狠撈一筆，不料法國政府嫌他開價太高，拒不接受，於是，諾貝爾就將專利轉賣給義大利政府。

諾貝爾研製出來的軍火產品，幾乎都在他稱為「第二故鄉」的法國境內實驗成功，倘若賣給其他國家還情有可原，可是他卻見利忘義，偏偏將無煙火藥賣給法國的死對頭義大利，因此法國人相當憤慨，大罵他是「該死的商人」、「專門搞破壞的惡棍」、「冷血無情的火藥梟」……

對於這些謾罵，諾貝爾根本懶得理會。

後來，他在世界各地設立了許多火藥公司，累積了龐大的財富，便開始積極營造自己的形象。

他拿出一大筆錢創設諾貝爾獎，獲得各國人士的器重，從此搖身變成一個全球聞名的偉大人物，也扭轉了過去大家對他的卑劣印象。

拿破崙曾說過一段膾炙人口的話：「暗殺一個人有許多種不同方式，用手槍、刀劍、毒藥，或是道德上的暗殺。這些方式的結果是相同的，只是最後一種更為殘酷。」

因爲，當你患得患失地面對別人的批評之時，就會失去自由自在的思考能力，無法放手去做自己眞正想做的事，最後就無可避免地淪爲任由別人價值觀念操縱的傀儡。

所謂的批評，常常是一種道德上的謀殺。

所謂的建議，通常也是不負責任的餿主意。

在變動不羈的人生旅程中，必須時時提醒自己「人性本來就很詐」，認清各種包藏禍心的批評與建議，避開可能坑殺自己的陷阱。

諾貝爾的例子足以說明，世人都是趨炎附勢的庸碌之徒，只要你成功了，別人對你的評價自然而然會大爲改觀。

把迷信變成樂觀的思想

法國文豪羅曼羅蘭說：「信仰不是一種學問，而是一種行為，它只有在被實踐的時候才有意義。」

日本名作家三島由紀夫曾經在他的著作《行動學入門》中寫過一段話：「當我們在做一件事情時，總是先訂下一個自認為合情合理的計劃，然後才著手去幹，但是，過程中往往卻被一些事前未曾預料到的力量阻礙，以致於前功盡棄。因此，人們經常感覺到有一股神秘力量環繞在我們的生活圈子裡，左右我們一切的行動。」

確實如此，人總是覺得自己擬定的計劃合情合理、無懈可擊，最後一定能夠成功，但是卻經常受到偶發因素的干擾，以致於計劃進行得不順利，所以，有些人就開始祈求神佛幫助，或者借助神佛的力量穩定軍心。

北宋年間，廣西壯族首領儂智高率衆叛變，據地稱王，名將狄青奉命徵調駐紮在桂林的軍隊前往征討。

由於壯族位於蠻荒瘴癘之地，加上山路險阻難行，軍隊剛剛從桂林出發，兵士們便個個面露疑懼的神情。

狄青知道南方的習俗特別崇拜鬼神，因此經過一處山神廟時，便命令衆士兵暫時歇息，然後恭恭敬敬地在廟前對天告禱說：「這回前去征討壯族，勝敗難料，我在這裡誠心向上蒼祈禱，庇祐我們能夠凱旋歸來。現在，我手中有一百枚銅錢，我把這些錢擲出去，如果全部出現正面，就表示上蒼將庇祐我們大獲全勝。」

左右參將連忙勸告狄青說，萬一銅幣撒出去後不能全部現出正面，恐怕會對士兵產生負面的心理影響。

但是，狄青不聽勸告，在衆目睽睽之下信手一撒，把手上的一百枚銅錢全部擲出去，派人查看的結果，竟然全部都是正面。一時之間，兵士們歡聲雷動，聲音迴盪山谷。

狄青見狀相當高興，接著，又派人拿來一百根鐵釘，將每個銅錢釘住，然後對士兵們說：「等我們凱旋歸來之時，再來取錢謝神。」

後來，狄青果然順利平定壯族之亂，班師返回桂林途中，經過這座山神廟的時候，派人取回了鐵釘、銅錢，士兵們拿起銅錢一看，才發現，錢幣的兩面居然都是正面。

征討壯族之路崎嶇險阻，加上崇山峻嶺中瘴癘之氣瀰漫，導致兵士們疑懼不前，因此，狄青才會拿出事先準備好一百枚「特製」的銅錢，假借鬼神的名義，增強軍隊戰勝的信心，也因此獲得勝利。

日本作家三島由紀夫認爲，世界知名的冒險家和政治家當中，有許多人是神秘主義者，他們相信宇宙之中有一種不可思議的力量，可以幫助自己獲得成功，因此面對危險和困難時，他們的心情會鎮定下來，從不安和恐懼中解放出來，進而產生更多對抗障礙的勇氣。

大多數的冒險家或政治人物都相信占卜的神秘力量，有趣的是，他們除了充滿野心、賭性堅強以外，還有一種特殊的現象，那就是只相信對自己有利的預言，不利的部分就完全不相信。

譬如，看手相或是批流年的時候，算命師所說的好話，他們會記得一清二楚，至於那些不利的預測，他們一轉身就全部忘掉了，這樣的迷信可以說是充滿了樂觀的思想。

也許有人會反駁：「只相信好的一半，卻不相信另一半壞的，這不是很矛盾嗎？如果覺得算命不可信，那就不要相信算了。如果相信有利的部分，那麼不利的部分也應該相信才對！」

但是，占卜的奧妙就在這裡——你相信什麼，最後就會得到什麼，一味講求它的科學性，是愚笨至極的行爲，根本不了解占卜的本質。

法國文豪羅曼羅蘭說：「信仰不是一種學問，而是一種行為，它只有在被實踐的時候才有意義。」

遭遇挫折或者困難的時候，我們應該學習狄青激勵士兵的智慧，充滿樂觀進取的思想，讓「樂觀的迷信」變成一股積極的動力，讓自己和週遭的人充滿信心和勇氣。

充滿信心就能創造奇蹟

俄國作家謝得林說：「要在自己的心中培養對未來的理想，因為理想是一種特殊的陽光，沒有陽光賦予生命的作用，地球會變成石頭。」

古諺有云：「吾心信其可成，則無堅不摧。吾心信其不可成，則反掌折枝之易亦不成。」

只要你心中認爲事情可以成功，那麼，就會以積極的態度面對，計劃實行起來一定得心應手。相對的，如果猶豫畏縮、意志不堅，認爲無法突破層層難關，那麼事情就可能眞的無法成功了。

孔融當北海國宰相的時候，得知太史慈爲了躲避戰禍帶著母親到了遼東，曾經幾次前去探望，令太史慈感到相當窩心。

後來，太史慈聽說孔融被黃巾賊包圍的消息後，立即從城門缺口處進入北海城中拜見孔融。

孔融請太史慈前去向劉備求救，但是，此時黃巾賊的包圍圈已經十分嚴密，難以突圍出城。太史慈想了又想，終於心生一計，隨即率領兩名騎士攜帶箭囊，手持弓箭，騎馬出城。由於兩名騎士每人各帶著一百個箭靶，讓民衆大爲驚訝，不知他葫蘆裡賣什麼藥。

太史慈逕自馳至城下的堤塹之內，命令兩名隨從插上箭靶，然後援弓勁射，箭射完之後隨即返回城內。第二天，太史慈又帶兩名隨從到堤塹之內射箭。這樣一連進行了許多天，圍城的黃巾賊對於他的舉動已習以爲常，不再費心防備，或坐或臥，甚至還有人倒地而睡。

又過了幾天，太史慈整理好行裝，草草進食以後，跨上坐騎，又馳至城下堤塹之內，突然快馬加鞭，衝出重圍。

等到圍城的黃巾賊發覺以後，太史慈已經奔馳了數里路程，最後他終於向劉備請來援兵，解除了孔融的圍城危機。

事在人爲，只要你具備智慧和勇氣，那麼不論什麼難事都難不倒你；只要你對自己充滿信心，那麼不論任務多艱鉅，你都可以積極完成；如果你懂得審時度勢，那麼再慓悍的敵人也困不住你。

有些心理學家認爲，意志的強弱，其實取決於自我的暗示，因爲大部分意志薄弱的人，往往都是由於心中存有「自己意志薄弱」的觀念，最後終於成爲一個意志不堅強的人。

俄國作家謝得林曾經勉勵意志不堅的人設法改造自己，他說：「要在自己的心中培養對未來的理想，因為理想是一種特殊的陽光，沒有陽光賦予生命的作用，地球會變成石頭。」

只要信心堅強，就會對自己的未來充滿希望，有了希望就能夠找出突圍的方法創造奇蹟，就像太史慈一樣，儘管在黃巾賊嚴密包圍之下，仍然堅定地認爲自己能衝出重圍，最後終於化解危機。

12.

即使虛情假意，也要做得徹底

凡事只要看開了，
做事的態度自然會變得從容而冷靜，
膽量會變大，臉皮會變厚，
搞不好虛情假意的事情也做得出來。

小心，有人要借你的人頭

一味唯唯諾諾依照別人指令行事的人，表面看起來似乎很安全，但事實卻不然，有時連自己的人頭被借了都還不自知。

建立蘇聯政權的革命家列寧曾說：「我們不相信有永恆不變的道德，並且要揭穿一切有關道德的騙人的鬼話。」

人的心理和行動，就像是一座冰山，我們所看到露出水面的一小部分，是由水底的一大部分支撐著。

我們很難洞察別人的心裡究竟打著什麼如意算盤，因此，當別人提供某些建議的時候必須深思熟慮，才決定採納與否。

曹操率領十七萬大軍攻打李豐，每日耗費糧食浩大，曹操想要速戰速決，無奈李豐卻緊閉城門，任憑曹軍如何叫罵，就是不出城應戰。曹操不得已，只得寫信向孫策商借糧米十萬斛應急。

曹軍包圍李豐一個多月後，眼看糧食將要用完，孫策的十萬斛借糧又在途中尚未運到，管理糧倉的倉官王垕急急忙忙前往稟報曹操說：「如今兵多糧少，應當怎麼辦？」

曹操沉吟了一下，回答說：「當今之計，也只有用小斛分發軍糧，暫時應付燃眉之急吧！」

王垕憂慮地說：「萬一兵士們埋怨起來，應該如何是好？」

曹操笑著說：「沒關係，照我的吩咐去做，到時候我自有對策。」

隨即，王垕便依照曹操的命令，以小斛分發軍糧。

不久之後，曹操暗中派人到各軍營去打聽風聲，得知士兵們怨聲載道，交相指責丞相欺騙大家。

曹操於是密召王垕前來營帳，對他說：「事到如今，我想借你身上的一樣東西來平息衆怒，你可不要吝惜才好。」

王垕狐疑地問道：「丞相想借什麼東西呢？」

曹操笑嘻嘻地說：「我想借你的人頭！」

王垕聽了大驚失色，連忙哀求說：「丞相，我一切都是照你的交代去做，並沒有犯錯啊！」

曹操歎口氣說：「唉，我也知道你沒罪，但是，如果我不殺掉你，軍心就難以穩定。你死了之後，你的妻子兒女我會妥善代爲照顧，你就不必擔心掛慮了，安心上路吧！」

王垕還想再申辯，曹操卻已翻臉不認人，轉身傳喚刀斧手：「把王垕推出帳外一刀斬了！」

然後，曹操把王垕的人頭懸掛在高竿上面，並貼出告示說：「王垕故意用小斛分發糧米，從中盜竊官糧，按照軍法斬首示衆。」

衆士兵見狀，都認爲糧米的問題原來是王垕搞的鬼，丞相當機立斷將他斬首，眞是明察秋毫，怒怨開始緩解。不久，孫策派人運來十萬斛糧米，終於解決了曹操的缺糧危機。

《君王論》的作者馬基維利曾經說過一則定律：「騙子總是能找到願意上當、受騙的對象。」

所謂騙術，就是用狡猾的手段或欺詐的做法，利用別人的輕信、偏見而牟取利益或地位。

我們不難發現，所謂的成功人士，通常不只有能力、肯努力，面對讓自己難堪的處境，也能厚著臉皮保持鎮靜。到了緊要關頭，他們也會找人頭當墊背，不惜犧牲部屬照亮自己的前途。

懂得耍奸弄詐的曹操，無疑就是箇中高手。

其實，曹操爲了應付缺糧問題，一開始就打定主意要讓王垕成爲代罪羔羊，所以才故意教他用小斛分發糧米激起衆怨，然後再陰險地借用他的人頭來平息衆怒。像曹操這種狡詐的人，處理事情之前，早就將後續發展推演得非常周密，但是，王垕無法了解到他隱藏在內心的眞正用意，所以，才會淪爲曹操排除衆怒的犧牲品。

這個「借人頭」的典故告誡我們，一味唯唯諾諾依照別人指令行事的人，表面看起來似乎很安全，不用多費腦筋，但事實卻不然，有時連自己的人頭被借了都還不自知。

因此，人絕對不要一味唯唯諾諾聽從別人的意見，必須建立自己的行事準則和價值判斷，自己掌控局面，如此才能自由自在地發揮自己的個性，也才能爲自己開創一條康莊大道。

即使虛情假意，也要做得徹底

凡事只要看開了，做事的態度自然會變得從容而冷靜，膽量會變大，臉皮會變厚，搞不好虛情假意的事情也做得出來。

我們常聽到有人說：「因爲我很容易臉紅，所以怕到人多的地方去。」因爲容易害羞臉紅而煩惱不已的人，其實以青春期的年輕男女居多，人一旦到了老年，閱歷豐富了，就很少會因難爲情而大傷腦筋！

爲什麼呢？這是因爲大部分的老年人，臉皮經過幾十年的磨練，已經變得厚如城牆，根本不會擔心自己出糗或是做錯事情被人責備。在他們眼中，這些根本沒有什麼大不了的，因此絕不會感到難爲情。

戰國時期著名的軍事家吳起，以愛惜士卒、肯與士卒共患難聞名。

有一次，魏文侯命令吳起統率大軍討伐秦國，吳起與士兵一起背著糧袋徒步而行，將戰馬讓給身體疲弱的士卒騎。吃飯的時候，吳起與士兵們圍坐在一起，大碗喝湯、大碗吃飯，有說有笑；睡覺的時候，吳起也與士兵們睡在一起，絲毫沒有大將軍的架子。有一名士兵背上腫脹，生了一個斗大的毒瘡，吳起知道後，就親自用嘴將這名士兵毒瘡中的濃汁吸出來，士兵的病情終於好轉。

誰知，這名士兵的母親聞訊後，竟然放聲大哭。鄰居大惑不解，問她說：「吳將軍爲妳兒子吸出毒汁，治好了膿瘡，妳應該高興才對，爲什麼卻痛哭失聲呢？」

這位母親回答道：「你們有所不知啊，這件事讓我想起了我的丈夫。我丈夫以前在吳將軍手下當兵，曾經長了背疽，也是吳將軍爲他吸出毒汁治好病的。我丈夫感激吳將軍之餘，打起仗來總是奮不顧身，最後戰死在沙場。我兒子一定也會對吳將軍心存感恩，恐怕性命也不會長久了。」說完，士兵的母親又大哭了起來。

吳起率領魏軍和秦軍交戰後，連戰連勝、所向無敵，秦軍一退再退，接連被吳起攻佔了五座城池。這個背上長毒瘡的士兵，最後也如同他母親所料，因爲奮勇殺

敵而步上他父親的後塵，戰死沙場。

莎士比亞說：「任何惡德的外表，也都附有若干美德的標誌。」

吳起這老兄可說是戰國時代數一數二的厚黑名人，由於擔心白白浪費時間，延誤自己出人頭地的契機，他勇於抗拒儒家的繁文縟節，寧可被逐出儒門，也不願爲母親守孝三年。後來，有人更指稱他爲了當上魯國的上將軍，而不惜殺害自己的妻子。

投效魏文侯獲得重用後，吳起平時表現出一副愛惜士卒的模樣，使得士卒甘願爲他拼死作戰，眞可謂「一將功成萬骨枯」。他連替士兵吸膿瘡這種事都視同家常便飯，臉皮猶如犀牛皮一般厚硬，厚黑功力已經到了顚撲不破的境界，難怪會有人要替他賣命，用屍骨替他鋪設通往成功之路。

經常在大庭廣眾面前害羞、扭捏而感到苦惱的人，最好能學習老年人的豁達，凡事只要看開了，做事的態度自然會變得從容而冷靜，不知不覺中膽量會變大，臉皮會變厚，就不再有臉紅的毛病了，搞不好連吳起這樣虛情假意的事情也做得出來。

你敢不敢犧牲自己最寶貴的東西？

人處於弱勢的時候，為了達成某種慾望，往往會百般忍耐，並且在忍耐的過程中不惜犧牲自己的一些利益。

日本圍棋界名人阪田榮男說：「下棋時，因為急著要贏，結果反而輸了的情況相當多。」

不僅圍棋如此，商場競爭和其他比賽都是如此，倘使急著要以快速的方法來打敗別人，有時候自己會不小心露出破綻，反而很難獲得勝利。

在激烈而險惡的人生競賽中，我們應該明確知道自己想要的是什麼，然後，儘量保持沉穩冷靜，縱使必須犧牲一些眼前的利益，也必須斷然割捨。如果你一直表現得氣定神閒，對手就會開始感到迷惑，甚至心慌意亂，讓你有機可趁，這個機會

或許就是扭轉大局、反敗爲勝的關鍵。

通往成功的道路並不是沒有捷徑存在，只是這個捷徑往往會讓你付出若干代價，就看你付不付得起，願不願意付！

不勇於割捨，當然難有所得，這無疑是人生最沉痛的抉擇。如果你覺得很難取捨，不妨瞧瞧武則天的手段。

武則天十四歲的時候，由唐太宗遴選入宮中，冊封爲才人。唐太宗死後，她被迫削髮爲尼，後來，唐高宗偶然在寺中見到了她，被她的美貌吸引，於是又設法讓她還俗，召入宮中封爲昭儀。

武則天進宮之後，深受唐高宗寵幸，不久生下一個女嬰。但是，她知道自己想要攀上權力的頂峰，必須先剷除橫阻在眼前的最大障礙，那就是唐高宗的元配王皇后。

她爲了滿足本身的權力慾望，一方面百般諂媚唐高宗，一方面又曲意奉承王皇后，但私底下卻處心積慮地想扳倒王皇后，收買宮女太監暗中監控王皇后的一舉一動。

等到時機成熟後，武則天更設計出一條毒計誣陷王皇后。

唐高宗和王皇后都很喜歡武則天所生的小女嬰，常常前來探望。

有一天，武則天得知王皇后又要來看孩子，爲了製造不在場證明，便藉故外出，王皇后獨自一人逗弄孩子一會兒就擺駕離開了。誰知皇后前腳一走，武則天馬上偷偷溜回寢宮，狠心地將自己的親生女兒掐死，然後再用被子蓋上，佈置成孩子正在睡覺的模樣。

隨後，武則天刻意裝出一副嫵媚的樣子邀唐高宗前來探視女嬰。當她掀起被子，立即裝模作樣地失聲尖叫，嚎啕痛哭起來。

唐高宗趨前一看，襁褓中的小公主臉色泛青，手腳已經冰涼，不禁勃然大怒，把太監、宮女統統叫來，詢問剛才有誰來過武昭儀的寢宮。大家一口咬定只有皇后來看過孩子，武則天趁機擺出悲痛欲絕的模樣，哭哭啼啼地把平時蒐集到的皇后不當言行，加油添醋地在唐高宗面前泣訴。

唐高宗聽了更加震怒，連忙叫宮女去傳皇后前來。

王皇后到了之後，見到女嬰死狀悽慘，心中又驚又怕，卻又百口難辯。唐高宗盛怒之下，下令廢了王皇后，立武則天為后，從此，武則天達到了她獨攬權的政治陰謀。

莎士比亞在《奧賽羅》中寫道：「要是你表面的行為會洩露你內心的活動，那麼，不久你就得掏出心來，讓烏鴉們亂啄。」

歷史上層出不窮的苦肉計之所以能輕易奏效，是因為它往往違反人們根深柢固的觀念或價值判斷，受騙上當的人萬萬料想不到，竟然會有人為了達到某種目的，不惜戕害自己或最親愛的人。

譬如，武則天為了本身的權力慾望，不就利用人們「虎毒不食子」的觀念，掐死了自己的親生女兒，然後把罪名栽在王皇后身上，奪下了皇后寶位？誰料想得到她竟然會這麼心狠手辣呢？

又譬如，開創德川幕府的日本戰國英雄德川家康，為了取得織田信長的信賴，竟不惜殺害自己的妻子，誰料想得到他會這麼絕情絕義呢？

其實，人處於弱勢的時候，爲了達成某種慾望或獲得更龐大的利益，往往會百般忍耐，並且在隱忍的過程中不惜犧牲自己的一些利益，只是不像武則天和德川家康做得這麼狠毒、絕情罷了。

只要不貪功躁進，不被看破手腳，苦肉計最後通常都能成功。

如何瓦解敵人的心防？

面臨到輸贏的關鍵，更應該步步為營，千萬不要急著想要快速贏得勝利，而必須以冷靜審慎的態度堅持到底。

有位哲人曾說：「誰要是未雨綢繆，誰就一定吉星高照；誰要是只看到眼前的表象，誰的情況一定不妙。」

不論是在武術、圍棋、象棋，或是人生中的各種競賽，都必須懂得未雨綢繆，推演對手可能使出的招數。

千萬不要被眼前的表象迷惑，否則結局就會像以下故事中的曹爽一樣，連翻身的機會都沒有。

魏明帝死後，大將曹爽把持朝政，行事專制獨斷，司馬懿暗中計劃要將這個眼中釘除掉，但又擔心事情洩漏反遭殺害，於是便假裝自己舊病復發，情況非常嚴重，試圖瓦解曹爽的戒心。

由於司馬懿先前曾經裝病蒙騙曹操，曹爽懷疑司馬懿又故技重施，企圖裝病欺騙自己，於是便派李勝前去觀察一番。

李勝到司馬家拜會的時候，司馬懿故意讓兩個婢女在跟前侍候自己，當婢女拿起外衣要讓他穿上時，他卻裝出一副癡呆的模樣，用手指著嘴巴，直嚷著自己口渴。婢女於是端來一碗米粥餵他，司馬懿吃著吃著，米粥竟從嘴巴兩邊一直流到胸襟上。

李勝見狀，輕蔑地說道：「外面盛傳仲達公的舊病復發，想不到竟然嚴重到如此程度。我要前去荊州赴任，特地前來辭別。」

司馬懿巍巍顫顫地舉手示意，故意把荊州說成并州，並口齒含糊地說：「你要前去并州赴任啊，并州接近胡人，你自己可要當心一點，我的生命危在旦夕，恐怕有生之年不能再相見了。我的兩個兒子司馬師和司馬昭，以後還請你多多關照。」

李勝不悅地說：「我去任職的地方是荊州，不是并州。」

司馬懿聽了，故意露出不好意思的表情說：「唉，我年紀大了，耳聾氣虛，聽不清你說的話了。」

經過一番觀察，李勝回去後對曹爽說：「司馬仲達形神已離，只是比死人多了口氣，不足爲慮。」

生性高傲的曹爽聽了這番話，便放心地將目標轉移到其他人身上，不再防備司馬懿。然而，不久之後，司馬懿突然率領部衆發動襲擊，殺得曹爽措手不及，被砍下首級。

法國思想家拉布呂耶爾曾經寫道：「如果一個人在別人眼裡，不顯得過於聰明，他就已經相當狡滑了。」

的確，沒有比外表老實、內心奸詐的人更危險，因爲，這些人專門扮豬吃老虎，所作所爲都是爲了瓦解對方的心防，然後一舉將對方擊潰。

司馬懿可說是這類人物的典型，連曹操這樣的厚黑專家都被他耍得團團轉，曹爽死得一點也不冤枉。

凡是面臨到輸贏的關鍵，更應該步步為營，千萬不要急著想要快速贏得勝利，而必須以冷靜審慎的態度堅持到底，有時不妨像司馬懿一樣，故意表現出笨拙的模樣，使對方疏於防範，然後再一舉將他打敗。

即使自己的實力比對方高出許多，也必須步步為營，不要一直露出勝券在握的高傲模樣，否則將會激起對方的頑強抵抗，使自己花費更多不必要力氣，這就是贏得勝利的秘訣。

不要當搞不清楚狀況的菜鳥

希臘哲聖蘇格拉底曾說：「一個人能否有所成就，只看他是否具備自尊心與自信心這兩個條件。」

法國文豪雨果在《悲慘世界》曾經有感而發地寫道：「有許多人踏在堅實的地面上，卻還兩腳發抖，如果自己的心是平靜的，目的是正當的，即使走在搖撼不定的土地上，也應當是步伐堅定的。」

確實如此，人生最重要的事是讓自己的心境平靜。

如果我們積極鍛鍊自己的心智，時時保持冷靜而沉穩的態度面對棘手的事情與難纏的人物，就能快速洞悉隱藏在表象之下的眞實面貌。明瞭對手與事情的本質之後，當我們進行交涉或談判的時候，就不會因爲對方故意施展的伎倆而受騙上當，也不會因爲對方的無禮舉動而被激怒，失去冷靜客觀的判斷能力。

美國石油大王洛克斐勒的兒子小洛克斐勒，剛剛踏入商場的時候，就展現出他不同凡響的商業才華。

當時，他的第一樁任務是，前去與銀行家摩根商談出售某座油田事宜。

當他踏入摩根的辦公室，摩根露出一副鄙夷的神情，認爲他只不過是毫無商場經驗的菜鳥，故意表現出自己很忙碌的樣子，連正眼都不瞧他一眼，足足讓他枯坐了一個小時。

小洛克斐勒知道這是摩根慣用的殺價伎倆，絲毫不以爲意地悠閒坐著。

一個小時後，摩根終於抬起頭面向他，高傲地說：「聽說，你父親有一塊油田準備出售，打算賣多少？」

小洛克斐勒微微一笑，回答說：「我想，大概是您弄錯了，就我所知，是您想買這塊土地，而不是我們想賣出。」

說完，小洛克斐勒不再多說廢話，逕自推門走了出去。

摩根知道這招唬不過小洛克斐勒，最後終於依照小洛克斐勒開出的價碼，買下這塊油田，價格比老洛克斐勒預估的多出了三分之一。

希臘哲聖蘇格拉底曾說：「一個人能否有所成就，只看他是否具備自尊心與自信心這兩個條件。」

小洛克斐勒面對老狐狸摩根所展現的以靜制動，是一種高段的勝利策略。日常生活中，不可能事事爭第一，處處佔上風，因此，更多的時候，我們要面帶善意靜候對方出招，才能從容地見招拆招，千萬不要稍有不順就心浮氣躁，自亂陣腳。

一味地板著臉孔，費盡心思去提防周遭的小人，只會把自己搞得緊張兮兮，徒然折損自己的生命。如果，我們無可避免地必須面對身邊的小人，那麼，細心地去洞察對方的眞實意圖，然後把主控權操在自己手中，豈不是更好嗎？

學學小洛克斐勒的智慧吧！硬碰硬的應對方式，表面上看來，是爲自己出了一口怨氣，但實際上，卻容易讓自己陷入小人精心設計的迷宮中，以致於無法冷靜面對事情的演變。

你聞得出成功的契機嗎？

人在衡量利弊得失的時候，通常會受到本身價值觀念的影響，經過一番思慮後才做出決定。

美國名作家歐．亨利曾經在著作中寫道：「人生是由嗚咽、嗅聞和微笑構成的，而在三者之中，嗅聞站在支配的立場。」

這是因爲，唯有嗅聞出成功的契機，人才能決定自己人生要走向何處，面對利害得失之時應該如何取捨。

一個人如果缺乏嗅聞出成功氣味的能力，那麼，他的人生注定是嗚咽居多，而微笑甚少。

某一天，丹麥首都哥本哈根市區發生了一場交通事故，一輛高級轎車煞車不及，撞倒一個闖紅燈穿越馬路的行人，由於衝撞的力道太大，行人的右腿硬生生被撞斷了。

肇事者是哥本哈根當地一家知名啤酒廠的老闆，而被撞斷腿的則是一個遠道而來的日本觀光客。

這個日本觀光客被緊急送進醫院手術，事後，啤酒廠的老闆基於道義前去探望，愧疚地說：「很對不起，你遠從日本前來觀光，沒想到竟發生這樣令人遺憾的意外。」

隨後，啤酒廠的老闆詢問了這個日本人的家庭、經濟狀況，得知他單身一個人，而且不久前才辭去工作，到丹麥來旅遊散心。

「這該如何是好呢？以後你怎麼生活？」

這位日本人說：「都是我自己不對，能怪誰呢？不如這樣吧，等我可以走動後，讓我到你的啤酒廠當守衛，混口飯吃，好嗎？」

啤酒廠的老闆見這位日本人生性開朗，並不耍賴要求賠償，心中自然相當高興，趕緊對他說道：「好的，那你就安心養傷吧，等你傷勢好了，就到啤酒廠來上班。」

過了不久，這個日本人傷勢痊癒，就到這家啤酒廠當守衛。

這個日本人言行得體，待人非常謙恭有禮，而且工作之時非常認眞負責，對進出廠的貨物檢查十分仔細，深獲啤酒廠高級幹部信任，於是，大家經常到守衛室找他閒聊。

三年後，這個日本人存了一些錢，便藉口要返回日本定居，啤酒廠的員工挽留之餘，並未懷疑他的說詞。

後來，這家啤酒廠才知道，這個日本人竟然是一個商人，喬裝成觀光客前來丹麥，是覬覦當時享譽世界的這家啤酒廠的釀造技術。

由於這家啤酒廠保密程度很高，從不允許外人參觀，這個日本商人在啤酒廠周圍轉了三天，就是不得其門而入。

後來，他看到每天早晚都有一部黑色轎車進出，打聽之下，知道是這家啤酒廠的老闆座車。於是，他就趁老闆開車出來時，處心積慮地製造了那起交通事故，藉機混進啤酒廠當守衛。

三年來，他利用工作之便，想盡一切辦法，終於竊取了這家啤酒廠的配方和技術。他犧牲了一條腿，換得了一流的啤酒釀造方法，成功地開設了一座規模龐大的啤酒廠。

許多深諳人性的思想家都告訴我們，不能憑表面印象去判斷一個人，因爲在陽光照射得到的地方，奸猾的小人會表現出一副不貪不取的模樣，而在黑暗的角落，他們就會露出貪得無饜的嘴臉。

但是，從另一個角度來說，奸猾未必不是智慧，貪得無饜也只是慾望的眞實呈現，只要不犯法，其實都無可厚非。

看完這個故事，也許你會覺得，這個日本商人未免太奸詐、行事太極端了，想要成功何必非得去撞車不可呢？

其實，人在衡量利弊得失的時候，通常會受到本身價値觀念的影響，經過一番思慮後才做出決定，也許你無法認同這個日本商人的行徑，卻不得不佩服他跑去撞車子的勇氣，畢竟用這種方式獲得自己想要的東西，不是一般人做得出來的。

重點在於嗅覺，故事中的日本人就是因爲嗅聞出成功的契機，清楚地知道自己要的是什麼，所以才會不擇手段，勇於「壯士斷腿」，寧願犧牲一條腿換取釀造啤酒的技術。

口是心非，有什麼不對？

人生本來就充滿了矛盾與不可預知，況且每個人都有自私的劣根性，也會面臨一些自己無能為力的境遇，表裡不一自然在所難免！

法國文豪雨果在《笑面人》裡寫道：「打破一切成規，蔑視一切守則，敢做敢為敢破壞，這就是真正的生活。」

人生最大的困擾就是，爲了工作需要或社交活動，我們經常得和自己不喜歡的人打交道，並且爲了不得罪對方而言不由衷，甚至口是心非，事後又感覺自己太過虛僞。

其實，口是心非並沒什麼大不了的，因爲，絕大多數時候，我們並不是存心欺騙別人，也不是打從心裡就喜歡藉由討好別人來達成自己的目的。只不過是爲了減少一些不必要的麻煩或爭執，或者是比較快速達成洽涉，才會讓自己的嘴巴說出那些不是發自內心的話語。

此外，對於某些惡劣的小人，口是心非也是一種保護自己或解決問題的方式，如果我們的「修為」達到下列故事主角王敬則的程度，說不定我們也會採取這樣的模式徹底剷除那些惹人厭煩的惡人呢！

南齊名臣王敬則擔任南沙縣令時，縣內有一群盜匪趁著時局動盪混亂，聚嘯在山林之中，時常下山燒殺掠劫，致使當地百姓恐慌不已。王敬則屢次派兵前去圍捕，無奈盜賊行蹤飄忽，圍捕行動徒勞無功。

王敬則心想，這幫盜賊如此狡猾，如果不使用權謀詐術，恐怕難以將他們繩之於法。為了徹底剿滅這群盜匪，他便派人拿著親筆信函，深入山中對盜賊首領進行招降。

王敬則在信中非常誠懇地表示：「如果你們願意下山自首，我定當從中說項，可以赦免你們的罪行。如果你們不相信的話，我可以先到廟神面前詛咒發誓，絕不

食言。」

當時，南沙縣內有一座廟非常靈驗，百姓都相當信服畏懼，盜賊首領派人下山打聽，得知王敬則果眞到廟神面前詛咒發誓，認爲他很有招撫的誠意，便答應帶領手下一起到廟裡接受招撫。

王敬則隨即在廟中設宴，準備「款待」這群盜賊。

豈知，這群盜賊到來以後，王敬則二話不說，立即下令將他們全部拘捕，準備斬首示衆。

盜賊首領很氣憤地對王敬則咆哮說：「你不是在廟神面前詛咒發誓了，怎敢出爾反爾？」

王敬則笑了笑，氣定神閒地回答說：「沒錯，我的確在廟神面前詛咒發誓過，不過，當時我也告訴廟神，萬一我不得已必須違背誓約的話，就奉上十隻牛向廟神謝罪。」

王敬則說完，馬上派人宰殺十隻牛祭祝廟神，然後將這群盜匪斬首示衆，從此，南沙縣再也沒有盜匪出沒。

口是心非，是人最重要的特點之一，尤其是政客，經常會發生言行舉止與自己的口號、訴求全然不同的狀況！

有些人發現別人言行並不一致時，心中就會認爲這些人過於污穢卑劣而心生憤慨。其實，這大可不必，因爲，人生本來就充滿了矛盾與不可預知，況且每個人都有自私的劣根性，也會面臨一些自己無能爲力的境遇，表裡不一自然在所難免！

故事中的王敬則看似口是心非、心狠手辣，但是用這種手段對付狡詐的匪徒，未嘗不是以詐止詐的好方法。

放鬆心情才能戰勝恐懼

美國心理學家詹姆斯說：「往往我們對一件不確定的結果所抱持的信念，才是唯一能使這個結果實現的因素。」

法國大文豪，諾貝爾文學獎得主福樓拜在談論人生時曾經這麼說過：「堅強，求助於你的意志力，而不要求助於天神。因為，天神從來不理會人們的求救呼聲。」

人本來應該很單純地活在這個世上，為自己和喜歡的人喜悅地活著，然而，事實上，我們卻經常必須為別人的慾望和野心所造成的禍害而活得膽戰心驚，這實在是太無奈了。

面對艱難險惡的處境，或是走到使人猶豫而難以抉擇的岔路，我們應該保持冷靜鎮定，盡一切力量去克服。只有秉持這種積極的應對態度，才能在不完美的社會中，過著最充實的生活。

晉朝名書法家王羲之年輕的時候，頗受大將軍王敦寵愛，經常邀他到軍營中飲酒聊天，天色太晚就讓他在營帳中睡覺。

有一天清晨，王敦起得很早，不一會兒，一個名叫錢風的人鬼鬼祟祟前來求見，二人摒去左右，秘密商議叛逆之事，一時之間把王羲之正在營帳中睡覺的事忘記了。

王羲之睡醒後，無意中聽到他們正在談論謀反叛變的事，知道自己大難臨頭，如不佯裝爛醉如泥恐怕無法活命，於是便剔喉嘔吐，把自己的頭面、被褥全都弄得髒兮兮，然後又倒頭假裝熟睡。

王敦和錢風談著談著，突然想起王羲之正在營帳中睡覺，兩人都吃驚地說：「為了避免風聲走漏，不得不殺了他。」

他們兩人揭開床帳一看，只見王羲之吐得一塌糊塗，認為他爛醉熟睡，沒聽見造反的事，便打消殺他滅口的念頭，王羲之因此免於一死。

美國心理學家詹姆斯說：「往往我們對一件不確定的結果所抱持的信念，才是唯一能使這個結果實現的因素。」

當你像王羲之一樣，無意中聽到了不該聽的事，面臨殺身之禍時，能不能急中生智，逃過難關？

其實，每個人都有急中生智的潛能，只是往往被緊張、恐懼……等等負面情緒束縛住，以致無法脫險。凡事不可過於緊張，在堅持自己的信念之時，儘量將心情放鬆，唯有如此，才能充分發揮個人的潛能。

從事任何工作，只要將穩定自己情緒的習慣慢慢培養出來，自然能夠以平常心去克服各種障礙！

話雖如此，但實際上要以平常心面對危險卻並非易事。

因爲，當人們面臨某些危險的事情時，心中難免會膽怯，同時會由於不安和恐懼而使得身體、唇齒不住顫抖。這是缺乏自信的必然現象，必須反覆不斷地訓練自己，讓自己產生自信，才能輕鬆戰勝畏懼。

智謀經典

25

要當好人，先當聰明人

作　　者　王　渡
社　　長　陳維都
藝術總監　黃聖文
編輯總監　王　凌
出 版 者　普天出版家族有限公司
新北市汐止區忠二街 6 巷 15 號
TEL / (02) 26435033 (代表號)
FAX / (02) 26486465
E-mail：asia.books@msa.hinet.net
http://www.popu.com.tw/
郵政劃撥 19091443 陳維都帳戶
總 經 銷　旭昇圖書有限公司
新北市中和區中山路二段 352 號 2F
TEL / (02) 22451480 (代表號)
FAX / (02) 22451479
E-mail：s1686688@ms31.hinet.net
法律顧問　西華律師事務所．黃憲男律師
電腦排版　巨新電腦排版有限公司
印製裝訂　久裕印刷事業有限公司
出 版 日　2020 (民 109) 年 4 月第 1 版
ISBN◉978-986-389-717-0　　條碼 9789863897170

國家圖書館出版品預行編目資料

要當好人，先當聰明人／
王渡著.—第 1 版.—：新北市,普天出版
民 109.04 面；公分. -（智謀經典；25)
ISBN◉978-986-389-717-0 (平裝)

普天之下・盡是好書

普天出版家族
Popular Press Family

凌雲文創
A-Plus Creative Company